Edizioni R.E.I.

Maria Papachristos

Gli Dèi dell'Olimpo

Miti e Leggende dell'antica Grecia

Volume 1

ISBN 978-2-37297-1195

Pubblicazione digitale (eBook): 2 novembre 2014
Stampa: 30 ottobre 2015
Nuova edizione aggiornata: 2 gennaio 2017
Edizioni R.E.I.
www.edizionirei.webnode.com
edizionirei@outlook.com

Maria Papachristos

GLI DÈI DELL'OLIMPO

Edizioni R.E.I.

Indice

La mitologia greca

La mitologia greca è la raccolta e quindi lo studio dei miti appartenenti alla cultura religiosa degli antichi greci e che riguardano, in particolare, i loro dèi ed eroi. I miti greci furono raccolti in cicli che concernono le differenti aree del mondo ellenico. Unico elemento unificante è la composizione del pantheon greco, costituito da una gerarchia di figure divine che rappresentano anche le forze o aspetti della natura. La mitologia greca si compone di una vasta raccolta di racconti che spiegano l'origine del mondo ed espongono dettagliatamente la vita e le avventure di un gran numero di dèi e dee, eroi ed eroine e altre creature mitologiche. Questi racconti inizialmente furono composti e diffusi in una forma poetica e compositiva orale, mentre sono invece giunti fino a noi principalmente attraverso i testi scritti dalla tradizione letteraria greca. Le più antiche fonti letterarie conosciute, i due poemi epici Iliade e Odissea, concentrano la loro attenzione sugli eventi che ruotano attorno alla vicenda della guerra di Troia. Altri due poemi quasi contemporanei alle opere omeriche, la *Teogonia* e *Le opere e i giorni* scritti da Esiodo, contengono invece racconti che riguardano la genesi del mondo, la cronologia dei sovrani celesti, il succedersi delle età dell'uomo, l'inizio delle sofferenze umane e l'origine delle pratiche sacrificali. Diversi miti sono contenuti anche negli Inni omerici, nei frammenti dei poemi del Ciclo epico, nelle poesie dei lirici greci, nelle opere dei tragediografi del V secolo a.c., negli scritti degli studiosi e dei poeti dell'età ellenistica e negli scrittori come Plutarco e Pausania. Gli argomenti narrati dalla mitologia greca furono anche rappresentati in molti manufatti: i disegni geometrici sulla superficie di vasi e piatti risalenti anche all'VIII secolo a.c. ritraggono scene ispirate al ciclo della guerra di Troia o alle avventure di Eracle. Anche in seguito, sugli oggetti d'arte saranno rappresentate scene tratte da Omero o da altri miti, così da fornire agli studiosi materiale supplementare a supporto dei testi letterari. La mitologia greca ha avuto una grandissima influenza sulla cultura, le arti e la letteratura della civiltà occidentale e la sua eredità resta tuttora ben viva nei suoi linguaggi e nelle sue culture. È stata sempre presente nel sistema educativo, a partire dai primi gradi dell'istruzione, mentre poeti e artisti di tutte le epoche si sono ispirati a essa, mettendo in evidenza la rilevanza e il peso che i temi

mitologici classici potevano rivestire in tutte le epoche della storia.
Si può dividere la storia del mondo secondo la mitologia in tre
ampi periodi:

- "I miti delle origini" ovvero "L'età degli dei" (Theogonies,
"nascite degli dei"): si tratta di miti riguardanti le origini
del mondo, degli dei e della razza umana.
- "L'epoca in cui gli dei e gli uomini vivevano insieme
liberamente": racconti delle prime interazioni tra dei,
semidei e mortali.
- "L'epoca degli eroi" ovvero "L'età eroica": in questo
periodo gli dei erano meno attivi e meno presenti. Le
ultime e più importanti tra le leggende di questo periodo
sono quelle legate alla guerra di Troia e agli avvenimenti
successivi (alcuni studiosi tendono a considerarle in una
categoria a parte).

L'epoca degli dei è stata spesso considerata la più interessante dagli
studiosi contemporanei, ma gli autori greci delle epoche arcaica e
classica mostrano invece una spiccata preferenza per l'epoca degli
eroi. Ad esempio l'Iliade e l'Odissea, per il successo riscosso e le
stesse dimensioni dei testi, fecero apparire la Teogonia e gli Inni
Omerici, le cui narrazioni erano incentrate sugli dei, come delle
opere minori. Sotto l'influenza delle opere di Omero il "culto degli
eroi" portò a una revisione di alcune concezioni religiose, che si
tradusse nella separazione tra il regno degli dei da quello dei morti
(gli eroi), e tra le divinità olimpiche da quelle ctonie. Ne *Le opere e
i giorni*, Esiodo si serve dello schema delle quattro Età dell'uomo:
l'età dell'Oro, dell'Argento, del Bronzo e del Ferro. Queste età sono
state create dagli dei separatamente; l'età dell'oro si riferisce al
regno di Crono, mentre quelle successive sono opera di Zeus.
Esiodo pone l'età degli eroi subito dopo quella del bronzo.
L'ultima, quella del ferro, è quella in cui viveva il poeta stesso. Egli
la considera la peggiore, in quanto nel mondo ha fatto la sua
comparsa il male, come viene spiegato dal mito di Pandora. Nella
sua opera, le Metamorfosi, Ovidio segue lo stesso schema delle
quattro età introdotto da Esiodo. La conoscenza della mitologia era
profondamente radicata e faceva parte della vita quotidiana degli
antichi greci. I Greci consideravano la mitologia come parte della
loro storia. Si servivano dei miti per spiegare sia i fenomeni
naturali, sia le diversità culturali, le inimicizie e alleanze politiche.
Provavano un sincero orgoglio quando pensavano di essere riusciti

a scoprire che la linea genealogica di uno dei loro re o leader risaliva fino a un dio o a un eroe. Pochi credevano che i racconti dell'Iliade e dell'Odissea non corrispondessero a eventi effettivamente accaduti. La profonda conoscenza dell'epica omerica era considerata dai Greci come la base del loro processo di accrescimento culturale.

Il mito della creazione

"I miti dell'origine", o "miti della creazione", rappresentano un tentativo di tradurre l'universo in termini comprensibili all'uomo e di spiegare l'origine del mondo. Il racconto tradizionalmente più diffuso e accettato degli inizi del mondo è quello narrato nella Teogonia di Esiodo. Tutto comincia con il Caos, un enorme e indistinto nulla. Dal vuoto del caos apparve Gea (la Terra) con alcune altre divinità primordiali: Eros (l'Amore), l'Abisso (il Tartaro) e l'Erebo (l'oscurità). Gea, senza la collaborazione di alcuna figura maschile, generò Urano (il cielo), che una volta nato la fecondò. Dalla loro unione per primi nacquero i Titani, sei maschi e sei femmine: Oceano, Ceo, Crio, Iperione, Giapeto, Teia, Rea, Temi, Mnemosine, Febe, Teti e Crono. Poi nacquero i monocoli Ciclopi (Bronte, Sterope e Arge) e gli Ecatonchiri (Briareo, Gige e Cotto) dalle cento mani. Urano getta i figli nel Tartaro per paura di perdere per causa loro il posto di re, in quanto marito di Gea, del creato. Crono, "l'astuto più giovane e terribile dei figli di Gea", venne salvato dalla madre Gea e poté così vendicare i suoi fratelli. Evirò il padre e divenne il sovrano dei titani prendendo come moglie la sorella Rea, mentre gli altri Titani andarono a comporre la sua corte. Da Rea ebbe diversi figli che, per paura che lo spodestassero, mangiò uno ad uno. Ma non il più piccolo, Zeus, che Rea riuscì a nascondere affidandolo alle cure della capra Amaltea e che sostituì con una pietra ravvolta in fasce e in panni. Crono, ignaro della sostituzione, ingoiò quello che credeva l'ultimo dei suoi figli. Una volta adulto Zeus affrontò suo padre e lo costrinse a bere un farmaco che gli fece vomitare tutti i figli che aveva divorato, infine lo sfidò scatenando una guerra per il trono degli dei. Alla fine, con l'aiuto dei Ciclopi (che aveva liberato dal Tartaro) e di Campe, Zeus e i suoi fratelli e sorelle riuscirono ad avere la meglio, mentre Crono e i Titani furono gettati a loro volta nel Tartaro e lì imprigionati. Nell'opinione dei primi antichi Greci che si occuparono di poesia, la teogonia era considerata un prototipo poetico – il prototipo del "mito" – e non si era lontani dall'attribuirle poteri magici. Orfeo, l'archetipo del poeta, era considerato anche il primo compositore di teogonie, delle quali nelle Argonautiche di Apollonio si serve per placare i mari e le tempeste e per commuovere gli induriti cuori degli dei dell'oltretomba durante la sua discesa all'Ade. Quando Ermes nell'"Inno Omerico ad Ermes" inventa la lira, la prima cosa che fa è usarla per cantare la nascita degli dei. La Teogonia di Esiodo non è soltanto la più completa descrizione delle leggende sugli dei giunta fino a noi ma anche, grazie alla lunga invocazione preliminare alle Muse, una fondamentale testimonianza di quale fosse il ruolo del poeta durante l'epoca arcaica. La teogonia fu il soggetto di molti poemi andati perduti – tra cui quelli attribuiti a Orfeo, Museo, Epimenide, Abaride e ad altri leggendari cantori – che venivano usati nel corso di segreti rituali di purificazione e riti misterici. Alcuni indizi suggeriscono che Platone conoscesse bene alcune versioni della teogonia Orfica. Di queste opere non restano che pochi frammenti all'interno di citazioni dei filosofi Neoplatonici e su alcuni brandelli di papiro rinvenuti solo da poco nel corso di scavi archeologici. Uno di questi frammenti, il Papiro di Derveni, prova come almeno nel V secolo a.c. un poema teo-cosmogonico attribuito a Orfeo esistesse veramente. In questo poema, che tentava di superare il valore di quello di Esiodo, la genealogia divina veniva ampliata con l'aggiunta di Nyx (la Notte), che nella linea temporale andava a posizionarsi prima di Urano, Crono e Zeus. I primi filosofi naturalisti si opposero, o talvolta le usarono come base di partenza per le loro teorie, alle convinzioni popolari basate sulla mitologia e diffuse nel mondo greco. Alcune di queste idee possono essere rintracciate nelle opere di Omero e di Esiodo. In Omero la terra è concepita come un disco piatto che galleggia sul fiume Oceano, sovrastato da un cielo emisferico su cui si muovono il sole, la luna e le stelle. Il sole, Helios, attraversava i cieli alla guida del suo carro, mentre di notte si pensava che si spostasse attorno alla terra riposando in una coppa d'oro. Il sole, la terra, il cielo, i fiumi e i venti potevano essere oggetto di preghiere e chiamati a testimoni di giuramenti. Le cavità naturali erano generalmente interpretate come degli ingressi verso il mondo sotterraneo dell'Ade, la casa dei morti. Dopo la cacciata dei Titani, emerse un nuovo pantheon di esseri immortali composto da Dei e Dee. Tra le principali divinità greche spiccano gli Olimpi (la determinazione del loro numero a dodici sembrerebbe essere un'idea relativamente moderna), che risiedevano sulla cima del Monte Olimpo sotto la guida di Zeus. Oltre agli Olimpi, i Greci venerarono diverse divinità agresti come il dio-capra Pan, le Ninfe, le Naiadi (che abitavano le sorgenti), le Driadi (che dimoravano negli alberi), le Nereidi (abitatrici dei mari), gli dei fluviali, i Satiri e altre. Oltre a queste esistevano le oscure forze del mondo sotterraneo come le Erinni (o Furie), che si credeva perseguitassero chi avesse commesso crimini contro i propri consanguinei. In onore degli dei del pantheon greco, i poeti composero gli Inni omerici (una raccolta di 33 canti).

Nei moltissimi miti e leggende di cui si compone la mitologia greca, le divinità sono descritte come esseri immortali dotati di un corpo idealizzato ma assolutamente reale. Secondo Walter Burkert la caratteristica qualificante dell'antropomorfismo greco è che "gli dei greci sono persone, non astrazioni, idee o concetti". Al di là del loro aspetto, gli antichi dei greci erano dotati di fantastiche capacità; tra le più significative c'era l'immunità verso qualsiasi tipo di malattia e il poter essere feriti solo se si fossero verificate alcune circostanze straordinarie. I Greci pensavano che l'immortalità fosse una caratteristica distintiva dei loro dei; era assicurata loro, al pari dell'eterna giovinezza, dal costante consumo di nettare e ambrosia, che rinnovavano il sangue divino che scorreva nelle loro vene. Ogni dio ha la propria genealogia, persegue i propri scopi e interessi, è dotato di specifiche capacità e possiede una personalità unica e chiaramente distinguibile da quelle degli altri; tuttavia queste descrizioni provengono da diverse varianti locali delle leggende, e queste varianti talvolta sono in contrasto tra di loro. Quando questi dei venivano invocati nei componimenti poetici, nelle preghiere o durante i rituali di culto, ci si rivolgeva loro combinando il loro nome con uno o più epiteti, che distinguevano tra le varie forme in cui gli dei stessi si potevano manifestare (ad esempio Apollo Musagetes indica "Apollo la guida delle Muse"). La maggior parte degli dei era associata ad aspetti specifici della vita. Ad esempio, Afrodite era la dea dell'amore e della bellezza, Artemide dea della caccia,della luna e protettrice di animali, Ares della guerra, Ade dei morti e del sottosuolo e Atena della saggezza e delle arti. Alcune divinità, come Apollo e Dioniso, mostravano personalità complesse e si occupavano di vari aspetti della vita, mentre altre, come Estia o Helios, erano poco più che mere personificazioni. I templi greci più suggestivi e solenni furono dedicati per lo più a un ristretto numero di dei, quelli il cui culto era centrale nella religiosità panellenica. Era comunque comune che singole regioni o villaggi fossero particolarmente devote anche a divinità minori considerate le loro protettrici. Inoltre, in molte città il culto delle divinità più note era praticato seguendo particolari rituali locali, che li associavano a strane leggende altrove del tutto sconosciute. Durante l'età eroica, il culto degli eroi e dei semidei si affiancò a quello delle divinità principali. Tra l'età in cui gli dei vivevano soli e quella in cui gli interventi divini negli affari umani diventarono limitati, ci fu un'epoca di transizione nella quale dei e uomini agivano fianco a fianco. Ciò accadde durante tempi immediatamente successivi alla creazione del mondo, in cui i due gruppi si unirono con molta più libertà di quanto non abbiano fatto in seguito. I racconti di queste vicende, la maggior parte dei quali fu successivamente riportata nelle Metamorfosi di Ovidio, possono essere suddivisi in due categorie tematiche: i racconti d'amore e i racconti delle punizioni. I racconti d'amore spesso narrano di incesti, oppure della seduzione o dello stupro di una donna mortale da parte di una divinità maschile, unioni dalle quali discendono gli eroi. L'insegnamento di queste storie generalmente è che le relazioni tra dei e mortali sono qualcosa da cui è meglio tenersi alla larga; anche le relazioni consensuali raramente terminano con un lieto fine. In alcuni casi è una divinità femminile che si accoppia con un mortale, come accade nell'Inno Omerico ad Afrodite, in cui la dea si giace con Anchise per generare Enea. Le nozze di Peleo e Teti, che portarono alla nascita di Achille, costituiscono un altro mito di questo secondo tipo. I racconti delle punizioni ruotano perlopiù attorno al furto o all'invenzione di alcune importanti scoperte culturali, come quando Prometeo ruba il fuoco agli dei, quando Tantalo sottrae il nettare e l'ambrosia dalla tavola di Zeus e li dà ai suoi sudditi rivelando loro i segreti degli dei, quando Prometeo o Licaone inventano i sacrifici, quando Demetra insegna i segreti dell'agricoltura e i Misteri eleusini a Trittolemo, o quando Marsia trova il flauto gettato sulla Terra da Atena e sfida Apollo in una gara di abilità musicale. Un frammento di papiro anonimo, che si fa risalire al III secolo a.C., racconta in modo molto vivido la punizione che Dioniso infligge al re di Tracia Licurgo che aveva riconosciuto il dio con colpevole ritardo, ricevendone pene terribili che si sarebbero protratte anche nell'aldilà. La storia dell'arrivo di Dioniso in Tracia per fondarvi il proprio culto fu anche il soggetto di una trilogia tragica di Eschilo. In un'altra tragedia, Le Baccanti di Euripide, il re di Tebe Penteo viene punito da Dioniso perché gli ha mancato di rispetto e ha spiato le sue Menadi. In un'altra leggenda, basata su di un antico racconto popolare dal tema simile, Demetra, mentre stava cercando la figlia Persefone, aveva assunto l'aspetto di una vecchia di nome Doso, godendo così dell'ospitalità del re di Eleusi Celeo. Per compensarlo dell'accoglienza offerta, Demetra progettò di trasformarne il figlio Demofoonte in un dio, ma non riuscì a completare il necessario rituale perché la madre Metanira, vedendo il figlio tra le fiamme del focolare, la interruppe gridando spaventata. Demetra se ne ebbe a male e si lamentò dell'incomprensione che gli stupidi mortali riservano ai riti divini. La poesia epica e genealogica creò dei cicli di leggende che si raggruppavano attorno alla figura di determinati eroi o che sviluppavano la storia di alcuni eventi. In questo modo si spiegavano inoltre le relazioni familiari e le discendenze di eroi che figuravano in leggende diverse, finendo per riordinare le leggende stesse in una successione abbastanza stabile. In seguito all'incremento dell'abitudine al culto degli eroi, gli dei e gli eroi finirono per fare parte di un unico immaginario sacro, venendo invocati insieme nei giuramenti e nelle preghiere. Contrariamente a quanto accadde durante l'età degli dei, nel corso dell'età eroica il numero degli eroi non rimase fisso e non vi fu mai un loro elenco definitivo: mentre non si parlò più della nascita di nuovi grandi dei, eroi nuovi continuavano a sorgere nel corpus leggendario. Le grandiose avventure di Eracle secondo molti rappresentano l'inizio dell'età degli eroi. A quest'epoca può essere senz'altro attribuita anche la creazione dei miti di tre grandi leggendarie imprese militari: la spedizione degli Argonauti, la guerra di Troia e la guerra Tebana.

Le divinità primordiali

In principio era il Caos, cioè un miscuglio universale e disordinato della materia, una forma indefinibile e indescrivibile che racchiudeva cielo, mare e terra. Il Caos era comunque una divinità capace di generare e la maggior parte dei figli del Caos furono divinità enigmatiche, cieche e capricciose. Ne nacquero anzitutto il Destino o Fato, divinità ora benigna ora ostile, potentissima e inesorabile, a cui tutte le divinità erano sottomesse e a cui tutti dovevano obbedire. Niente poteva cambiare i suoi decreti. Dal Caos nacquero altre divinità: l'Erebo, una specie di abisso senza fondo fatto di tenebre; la Notte, anche essa buia e misteriosa che portava agli uomini buoni consigli e donava il riposo; le tre sorelle fatali, le Mòire o Parche, ministre principali del Destino, figlie della Notte e dell'Erebo; la Discordia, testarda; la triste Vecchiaia. Più tardi nacquero divinità più clementi: la Concordia, L'Amore o Eros, il Giorno e finalmente Urano, cioè il Cielo e Gea, la Terra. Così grazie all'Amore, la Notte e il Giorno, alla Concordia e Discordia, Cielo e Terra incominciò a delinearsi il Cosmo, l'Universo, lasciando così la situazione di Caos per l'ordine. Così ebbe origine l'universo. Il giovane universo vide nascere i figli di Urano e di Gea, Dei primigeni: i dodici Titani, sei maschi, e sei femmine; i tre Ciclopi – Bronte, il tuono, Sterope, il lampo, Agre, la folgore – simili in tutto agli Dei, ma con un occhio solo nel mezzo della fronte; e i tre Ecatonchiri o Centimani, giganti mostruosi dalle cinquanta teste e dalle cento braccia. Questi suoi figli Urano li guardava con orrore, forse anche li temeva: e via via che nascevano si affrettava a relegarli nelle più lontane profondità della terra. Ma Gea, la madre, li amava e ne piangeva la cieca sorte. Sdegnata, meditò la vendetta. Trasse da se stessa quanto acciaio occorreva, forgiò un tagliente falcetto, armò la mano di Saturno (Crono), l'ultimo nato dei Titani, il più astuto e il più audace: e una notte Saturno colpì fieramente il padre, liberò dalla prigione sotterranea i Titani fratelli e proclamò l'avvento del proprio regno. Ai Ciclopi e ai Centimani non ridiede la libertà; facevano paura anche a lui. Il sangue di Urano colò sulla terra, i brandelli della sua carne caddero nel mare; dal sangue nacquero le Erinni, ossia le Furie vendicatrici, i Giganti armati di formidabili lance, e le ninfe Meliadi, protettrici dei frassini. I brandelli di carne mossero nel mare una bianca spuma e dalla bianca spuma emerse una Dea tutta giovane e bionda, bellissima, Venere Anadiomene (Afrodite), che il soffio innamorato di Zefiro sospinse alla divina isola di Citera e poi a Cipro coronata di flutti. L'opera della creazione intanto continuava; dalle divinità primigenie altre divinità nascevano e da queste ancora altre divinità: quelle paurose come il Destino, la Morte, la Discordia, con i suoi tristi figli; la Pena, l'Oblio, la Fame, la Menzogna, l'Ingiustizia, le Battaglie, i Massacri. Quelle severe come Nemesi, la giustizia punitrice, la Saggezza, la Persuasione. Quelle enigmatiche come il Sonno col suo corteggio di Sogni, come le tre Parche, eterne filatrici che nell'atto della nascita assegnavano a ciascun uomo il suo bene e il suo male e la lunghezza della sua vita; Cloto per ciascun uomo traeva dalla rocca lo stame, Lachesi ne determinava la misura, Atropo, con le inesorabili cesoie troncava il filo al punto destinato. Le terribili Gorgoni, che impietrivano chiunque le guardasse, e le Graie, vecchie canute fin dalla nascita, le quali tutte e tre insieme, non possedevano che un solo occhio e un solo dente di cui si servivano a turno. Nascevano anche le divinità liete e luminose come i tremila Fiumi e le tremila Oceanine, e le cinquanta Nereidi, ed Elios, il Dio-Sole, e Selene, la Dea-Luna, ed Eos l'aurora, e Iride, la Dea dell'Arcobaleno, lieve messaggera dalla tunica fluttuante e dalle ali d'oro. Su tutte queste e molte altre divinità, che reggevano a movevano le sorti e le passioni e davano vita e legge alla natura, regnava Saturno, dopo di aver spodestato il padre Urano. Regnava possente, ma non senza inquietudine. Egli aveva sposato Rea (Cibele), figlia di Gea e di Urano, e da un oracolo gli era stato predetto che uno dei suoi figli lo avrebbe cacciato dal trono come egli dal trono aveva cacciato Urano, suo padre. Così Saturno viveva in sospetto e in timore, e di mano in mano che i suoi figli nascevano, non potendo, poiché erano immortali, distruggerli, li ingoiava. Vesta (Estia), Cerere (Demetra), Giunone (Era), Plutone (Ade), Nettuno (Poseidone), cinque figli aveva già in tal modo tolto di mezzo, quando Rea, delusa e crucciata, sentendosi prossima a divenir madre ancora una volta, per consiglio dei suoi genitori si ritirò a Creta, in una profonda caverna del monte Ida e, come il nuovo bimbo le nacque, lasciandolo ben nascosto nell'antro, salì al cielo portando con sé una grossa pietra tutta ravvolta di fasce e la presentò al vorace marito: il quale immediatamente la tranguggiò. Giove (Zeus), il bimbo divino, crebbe in quella caverna, sotto le dense foreste del monte. Le due figlie del re di Creta gli furono custodi; una capra – Amaltea, che egli poi, riconoscente, collocò nel cielo tra le costellazioni – lo nutrì del proprio latte e dell'ambrosia e del nettare fluenti dalle sue corna. Affinché nessuno potesse trovarlo né in terra, né in cielo, né in mare, la sua culla d'oro veniva appesa ai rami di un albero; perché i suoi vagiti, salendo al cielo, non lo rivelassero all'ingordo Saturno (Crono), i Cureti, demoni e sacerdoti della terra, danzavano sulla soglia della caverna e intorno alla culla una danza di guerra percotendo con le lance e con le spade i loro scudi di bronzo. Quando ebbe gli anni e la forza, Giove salì al cielo, si presentò al padre, lo costrinse a inghiottire un beveraggio che gli fece rendere alla luce la pietra e i cinque figliuoli trangugiati, poi lo sbalzò dal trono e iniziò il proprio regno.

Gea - Terra

Gea o Gaia, dea primigenia della Terra emerse dal Caos e generò da sola Urano (il Cielo), le Montagne, e Ponto (il Mare), personificazione dell'elemento marino.

Dalla sua unione con Urano i primi figli della dea con aspetto quasi umano furono i tre Ecatonchiri, giganti dalle cento braccia: Briareo, Cotto e Gige. Poi apparvero i tre feroci Ciclopi monocoli, costruttori di mura e fabbri ferrai: Bronte, Sterope e Arge. Urano, dopo aver cacciato i Ciclopi, suoi figli ribelli, nel remoto Tartaro, generò dalla Madre Terra i sei Titani: Oceano, Ceo, Crio, Iperione, Giapeto e Crono, e le sei Titanidi: Teia, Rea, Temi, Mnemosine, Febe, Teti. Gea, addolorata per la sorte dei figli rinchiusi nel Tartaro, indusse i Titani ad assalire il padre loro; e così essi fecero, guidati da Crono, il più giovane dei sei che si era armato di un falcetto di selce. Colsero Urano nel sonno e Crono spietatamente lo castrò col falcetto, afferrandogli i genitali con la sinistra (che da quel giorno fu sempre la mano del malaugurio) e gettandoli poi assieme al falcetto in mare presso Capo Drepano.

Gocce di sangue sgorgate dalla ferita caddero sulla Madre Terra, ed essa generò le tre Erinni, furie che puniscono i crimini di parricidio e di spergiuro; esse sono chiamate Aletto, Tisifone e Megera. Da quel sangue nacquero anche i Giganti e le Ninfe del frassino, chiamate Melie.Dopo la mutilazione di Urano, Gea si unì all'altro dei figli che aveva avuto un tempo, Ponto (il Mare), e generò con lui cinque divinità marine: Nereo, Taumante, Forcide, Ceto ed Euribia. I Titani in seguito liberarono i Ciclopi dal Tartaro e affidarono a Crono la sovranità sulla terra. Non appena ebbe il supremo potere, Crono si mostrò tiranno crudele quanto il padre. Anche lui esiliò nel Tartaro Ciclopi e Titani, unitamente ai Giganti dalle cento braccia, e presa in moglie sua sorella Rea governò sull'Elide. Ma era stato profetizzato sia da Gea, sia da Urano, che uno dei figli di Crono l'avrebbe detronizzato. Ogni anno, dunque, egli divorava i figli generati da Rea: prima Estia, poi Demetra ed Era, poi Ade e infine Poseidone. Rea era furibonda e allorché fu incinta di Zeus andò a chiedere consiglio a Gea e Urano per sapere come poter salvare il bambino che stava per nascere. Gea e Urano le rivelarono allora il segreto dei Destini e le insegnarono a ingannare Crono. Quando Rea partorì Zeus, lo affidò alla Madre Terra che portò il bimbo a Litto, in Creta, e lo nascose nella grotta

Dittea sulla collina Egea. Là Zeus fu custodito dalla ninfa dei frassini Adrastea e da sua sorella Io, ambedue figlie di Melisseo, e dalla capra Amaltea. Al posto del figlio, Rea dette a Crono una pietra avvolta in pannolini che il dio divorò. Quando Zeus giunse alla maturità preparò il suo attacco contro il padre Crono e alcuni Titani divennero suoi alleati. Gea (o forse Meti) diede a Crono un emetico che mescolato alle bevande gli fece vomitare dapprima la pietra, poi i fratelli e le sorelle maggiori di Zeus. Zeus liberò i Ciclopi e i Giganti Centimani dal Tartaro, li rianimò col cibo e le bevande degli dèi. I Ciclopi diedero a Zeus la folgore, arma invincibile; ad Ade un elmo che rende invisibile e a Poseidone un tridente. I tre fratelli diedero allora inizio a una guerra che durò dieci anni. Infine Zeus uscì vittorioso, imprigionò Crono e tutti i Titani sconfitti nel Tartaro. Ma ciò offese Gea che considerava l'imprigionamento dei Titani un gesto eccessivo. Irata si accoppiò con Tartaro e generò il terrificante Tifone, e cercò di incitare i Giganti (non gli Ecatonchiri) guidati da Eurimedonte, Alcioneo e Porfirione a ribellarsi contro Zeus: la guerra che si svolse è nota con il nome di Gigantomachia. Gea generò tanti altri esseri, spesso mostruosi: Echidna da un'unione con Tartaro, Erittonio dal seme di Efesto, il serpente Pitone ucciso da Apollo, il drago che custodiva il Vello d'oro nel paese di Eete e, secondo alcuni, Trittolemo avuto da Oceano. Creò lo scorpione che attaccò il gigantesco Orione quando cercava di distruggere tutte le bestie selvagge della terra e lo uccise. Nella vecchia concezione, Gea esplicava attività profetica, tante storie lo testimoniano. Basta ricordare che l'oracolo delfico appartenne dapprima alla Madre Terra, che nominò Dafni sua profetessa. Taluni dicono che Gea più tardi cedette i suoi diritti alla Titanessa Febe o Temi, e che costei li cedette ad Apollo. Ma altri sostengono che Apollo si impadronì con la forza dell'oracolo della Madre Terra dopo aver ucciso Pitone; ma dovette ricompensare Gea per quell'assassinio fondando i Giochi Pitici e facendo in modo che fosse sempre una sacerdotessa, la Pizia appunto, a servire il suo oracolo. A Olimpia aveva sede un celebre oracolo di Gea.Fu adorata dai Greci sotto nomi diversi, soprattutto come Gea o Gaia e come Madre Terra; in questa forma il suo culto ebbe generale sviluppo. Le era sacrificato un agnello nero, come si vede nell'Iliade, nella quale Gaia insieme con Zeus, con Elio e con Ade era invocata nei giuramenti: ciò è anche una prova dell'alta antichità della dea.

Eros - Amore

Eros nella mitologia greca è il dio dell'amore e secondo Esiodo si sarebbe manifestato all'inizio della creazione, dopo la nascita di Gea e quindi farebbe parte delle divinità pre-olimpiche, simbolo della creazione e del perpetuarsi degli esseri viventi, mentre secondo altri Eros sarebbe il più giovane degli dei, figlio di Afrodite e Ares (o Efesto) o secondo altri ancora di Zefiro ed Eris. Nella cultura greca eros, l'amore, è ciò che fa muovere verso qualcosa, un principio divino che spinge verso la bellezza. In ambito greco, quindi, non vi era una precisa distinzione tra «la passione d'amore e il dio che la simboleggiava». La prima apparizione della nozione di Eros è nelle opere attribuite a Omero. In tale contesto Eros non viene personificato, quanto piuttosto come principio divino corrisponde all'irrefrenabile desiderio fisico come quello vissuto da Paride nei confronti di Elena o ancora lo stesso desiderio provato da Zeus nei confronti di Era. Eros era un dio che veniva rappresentato sempre giovane. Era egoista e crudele tanto che Zeus consigliò ad Afrodite di ucciderlo. Ma Afrodite non ebbe il coraggio di farlo e perciò lo nascose nel bosco dove venne allevato dagli animali selvatici rendendolo ancora più capriccioso e malvagio sia verso gli uomini che verso gli dei. Un esempio fra tutti è la passione amorosa che infuse ad Apollo per Dafne. In genere Eros è rappresentato come un ragazzino molto bello con le ali alle spalle armato di arco e freccia. In suo onore si celebravano le Erotidie che si tenevano ogni cinque anni. Secondo ciò che ci viene tramandato Eros non ebbe relazioni amorose. Solo molto tardi si suppose un suo amore per Psiche (l'anima) alla quale successivamente dona l'immortalità. Infatti, l'amata dovrà superare difficili e spaventose prove ma alla fine riuscirà a diventare la felice sposa di Eros e dal loro amore condito da un'irrefrenabile passione avrà origine Piacere.

Tartaro - Inferno

Tartaro indica, nella Teogonia di Esiodo, il luogo inteso come la realtà tenebrosa e sotterranea (katachthònia), e quindi il dio che lo personifica, venuto a essere dopo Chaos e Gaia. Zeus vi rinchiuse i Titani, stirpe divina e padri degli dei dell'Olimpo, dopo averli sconfitti a seguito della Titanomachia. Sempre in Esiodo, Tartaro è considerato il procreatore, insieme a Gaia, di Tifeo. Tartaro appare come la regione più profonda del mondo, posta al disotto degli stessi Inferi. Fra l'Ade (gli Inferi) e il Tartaro vi è la stessa distanza di quella che vi è fra il Cielo e la Terra. Padre di esseri mostruosi quali: i Giganti, Tifone, Echidna, l'aquila di Zeus, che rodeva il fegato a Prometeo, e tanti altri. I Greci chiamarono Tartaro il luogo sotterraneo in cui Urano vi rinchiuse i primi figli avuti da Gea, i Ciclopi Arge, Bronte e Sterope. Ma Gaia, per liberarli, sollevò i Titani contro il loro padre. Crono, il più giovane dei Titani, dopo aver castrato Urano, liberò i Ciclopi per qualche tempo, ma poi li reimprigionò di nuovo. Infine Rea, che era riuscita ad avere la meglio su Crono e a salvare Zeus, venne vendicata, perché Zeus adulto sconfisse Crono e liberò definitivamente i Ciclopi che divennero i suoi fabbri e realizzarono per lui le folgori. Essi aiutarono Zeus nella lotta contro i Titani e i Giganti. Fu allora la volta dei Titani, i quali furono fatti sprofondare nel Tartaro da Zeus, aiutato dai suoi fratelli Ade e Poseidone. Il Tartaro resta un luogo temuto dagli Olimpici; se uno di essi si opponeva al comando di Zeus, questi minacciava di imprigionarvelo. Infatti, quando Apollo uccise i Ciclopi a frecciate, per vendicare la morte di suo figlio Asclepio, poiché essi erano stati gli artefici della folgore che Zeus usò per ucciderlo, il dio sommo pensò di punirlo precipitandolo nel Tartaro, ma, grazie alle preghiere di Latona, acconsentì a mitigare il castigo e lo condannò a servire re Admeto per un anno in qualità di bovaro.

Nel Tartaro furono fatti sprofondare gli Aloadi, Oto ed Efialte, e anche Salmoneo, figlio d'Eolo e d'Enarete, il quale si era messo in testa d'imitare Zeus che, irritato per la sua empietà, lo fulminò.

A poco a poco, il Tartaro fu confuso con gli Inferi propriamente detti, e vi si pose il luogo in cui erano messi al supplizio i grandi criminali. Esso si oppone ai Campi Elisi, soggiorno dei Beati.

Erebo - Tenebra

Divinità ancestrale, figlio di Caos e fratello della Notte, è la personificazione dell'oscurità, e con il termine "Erebo", infatti, si possono indicare anche gli Inferi.

Con la sorella generò Emera (personificazione del giorno) ed Etere (personificazione del cielo più alto, dove c'è la luce pura), e anche Caronte. Oltre a questi, Erebo generò con la Notte anche le tre Moire o Parche, ovvero Cloto, la tessitrice del filo della vita degli uomini, Lachesi, la misuratrice del filo stesso, e per ultima la più temibile, Atropo, colei che recide il filo.

Questo mito simbolizza, secondo i filosofi antichi, la manifestazione del cosmo a partire dal caos o essenza immanifesta. La luce dell' etere e del giorno è il Logos; essendo il caos l'ombra del principio supremo la luce è il principio spirituale, sua prima manifestazione.

Oltre ad Etere e a Emera, Erebo ebbe dalla Notte altri figli: non si trattava di vere e proprie divinità, ma di personificazioni di astrazioni, fra cui si annoverano:

- Thanatos, la morte
- Hypnos, il sonno, gemello di Thanatos
- Oneiros, il sogno
- Momo, il biasimo, cacciato dall'Olimpo per aver criticato aspramente Zeus e la Tenerezza
- Nemesi, la vendetta
- Moros, il destino
- Geras, la vecchiaia
- Apate, l'inganno
- Eris, la discordia
- Ker, la morte violenta
- Oizys, la miseria
- Philotes, l'amicizia
- Le Moire (Parche)

Inoltre anche le tre Esperidi erano figlie di Erebo e Notte.

Nyx - Notte

Secondo la Teogonia di Esiodo, Notte era figlia di Caos, mentre nella cosmogonia orfica era figlia di Phanes; nelle Fabulae, Igino Astronomo la dice figlia di Caos e di Caligine. Sempre secondo Esiodo, Notte era la personificazione della notte terrestre, in contrapposizione al fratello Erebo, che rappresentava la notte del mondo infernale. Era inoltre contrapposta ai suoi figli Etere (la luce) ed Emera (il giorno). Notte era una delle divinità più antiche, e dimorava nell'Ade; secondo Omero, anche Zeus ne aveva paura. Si dice anche che sia stata la madre della ninfa Stige, una delle tremila Oceanine, ma in generale i genitori della ninfa sono considerati Oceano e Teti. Nella mitologia romana era conosciuta con il nome di Nox ed era considerata anche la madre di Erumna. Tra i figli di Nyx sono presenti le Keres, Hypnos, Thanatos e le Erinni così come i luminosi Aither ed Hemera.

Nyx è descritta alata, spesso con ali nere e avvolta in neri drappeggi, come nelle figurazioni di un tappeto votivo riportato nello Ione di Euridipe.

Nyx generò Astrazioni come:

- Apate: era la divinità dell'inganno, uno degli spiriti contenuti nel vaso di Pandora. Nel mito greco fra le varie storie tramandate sui tradimenti di Zeus a danno della moglie Era vi è quella del rapporto fra Zeus e Semele per cui Era furiosa per un ennesimo tradimento dell'olimpico marito si rivolge proprio ad Apate la quale le presta un cinto somigliante a quello portato da Afrodite che era in grado di far sembrare veritiere le menzogne all'ascoltatore; quindi Era dirige i suoi passi a Tebe ornata di tale cinto sotto l'aspetto della vecchia nutrice di Cadmo. Era, in tal modo dissimulata, consiglia Semele di chiedere a Zeus una prova della sua identità di dio del suo amore per lei, a questo punto Semele è preda della gelosia che alberga in Era e vuole unirsi a Zeus quando il dio ha il suo "vero" aspetto e non travisato come fa con tutte le sue altre amanti mortali. Ma l'amore con un dio è un fuoco e come tale la brucia mentre Ermes salva il feto immaturo, frutto dell'amplesso, dal rogo. Il feto salvato sarà poi Dionisio. Semele verrà poi accolta nell'Olimpo sotto il nome di Tione, in quanto la vendetta ha placato Era.

- Eris (discordia)
- Etere (il cielo in alto)
- Geras: era il dio della vecchiaia. Era considerata una virtù perché più gēras un uomo aveva, più kleos (fama) e arete (eccellenza e coraggio) era considerato avere. Era raffigurato come un piccolo vecchietto raggrinzito. L'opposto di Geras era Ebe, la dea della giovinezza. Il suo equivalente romano era Senectus; la sua figura è conosciuta soprattutto grazie alle rappresentazioni sui vasi che lo mostrano con l'eroe Eracle; sfortunatamente, il mito che le ha rappresentate è andato completamente perso.
- Hemera (giorno)
- Hypnos (sonno)
- Ker (destino, morte violenta)
- Le Esperidi (custodi del giardino dei pomi d'oro)
- Le Moire (Parche)
- Momo: Era rappresentato come un omino calvo e minuto, senza vestiti e con in mano una maschera e un bastone. Secondo Esiodo personificava il sarcasmo e la mania di censurare. Si infuriò quando non riuscì a criticare in alcun modo Afrodite. Secondo un'altra tradizione fu proprio Momo a criticare Zeus quando il padre degli dei voleva distruggere l'umanità con fulmini e inondazioni, convincendolo, invece, a favorire il matrimonio di Teti e Peleo, che avrebbe portato alla fine del regno degli eroi. Secondo un'altra versione, pare che Zeus lo abbia cacciato dall'Olimpo, dopo che Momo aveva criticato aspramente un animale creato dal re degli dei. Secondo un mito fu invitato da Zeus, Atena e Prometeo e far da giudice su chi di loro avesse fatto la miglior invenzione; Zeus presentò il toro, Atena la casa e Prometeo l'uomo, ma Momo ritenne che a ognuno mancasse qualche cosa. Il toro aveva le corna poste, non sopra gli occhi, ma ai lati della testa, rendendo più difficile colpire il bersaglio. La casa non era trasportabile. All'uomo mancava un modo per vedere nel proprio cuore e nei propri sentimenti. Gli dei, infine, si stancarono della sua indole troppo burlesca e lo scacciarono dall'Olimpo.
- Morfeo (il Sogno)
- Moros: è la personificazione del destino avverso e inevitabile, che porta ogni essere, mortale o meno verso la

sua fine prestabilita. Si sa molto poco su di lui, a parte che è onnipresente, onnisciente e onnipotente, neppure Zeus può sconfiggerlo. È figlio di Nix e fratello di altre divinità quali Eris, Thanatos e Hypnos. Secondo la tradizione venne concepito senza bisogno della controparte maschile come i suoi fratelli e sorelle, ma secondo Igino Nix lo concepì con Erebo.

- Nemesi (la Vendetta)
- Philotes (tenerezza)
- Thanatos (la morte)

Le Astrazioni (o Princìpi, o Personificazioni) sono divinità minori della mitologia greca che rappresentano la personificazione di sentimenti, qualità fisiche e morali, vizi e difetti dell'uomo.

Etere - Luce

È la potenza divina del cielo superiore e più puro, della luminosità del giorno. Si tratta della divinità dell'aria superiore che solo gli dei respirano, in contrapposizione all'aria respirata dai mortali. Esiodo nella sua Teogonia (v. 124-125) lo indica come figlio di Erebo e Nyx e fratello di Hemere. Igino, mitografo di lingua latina del II secolo d.c., nelle Fabulae scrive che era figlio di Caligine (Tenebre) e di Chaos.
Da Giorno (Dies) ebbe come figli:
- la Terra
- il Cielo (Caelum)
- il Mare.

Dalla figlia Terra ebbe poi come discendenza:
- Dolore (Dolor)
- Inganno (Dolus)
- Ira
- Lutto (Luctus)
- Menzogna (Mendacium)
- Giuramento (Iusiurandum)
- Vendetta (Ultio)
- Intemperanza (Intemperantia)
- Disputa (Altercatio)
- Dimenticanza (Obliuio)
- Ottusità (Socordia)
- Paura (Timor)
- Superbia
- Incesto (Incestum)
- Battaglia (Pugna)
- Oceano (Oceanus)
- Themis
- Tartaro (Tartarus)
- Ponto (Pontus)
- I Titani (Titanes)
- Le tre Furie (Furiae).

Urano - Cielo

Urano è la personificazione del Cielo in quanto elemento fecondo. Nell'opera di Esiodo, Teogonia, egli è figlio e coniuge di Gea (la Madre Terra). Altri poemi e racconti ne fanno il figlio di Etere (il Cielo superiore), senza che, in questa tradizione risalente alla Titanomachia, ci sia rivelato il nome della madre. Molto probabilmente quest'ultima era Emera (la personificazione del Giorno). Secondo la teogonia orfica, Urano e Gea sono due figli della Notte. Secondo la tradizione esiodea Urano si unì a Gea e la fecondò gettando su di essa fertili gocce di pioggia e dando così vita alle prime divinità mostruose. Gea generò per primi Briareo, Cotto e Gige detti Ecatonchiri, che avevano cento braccia e cinquanta teste ciascuno ed erano insuperabili per la forza fisica e la statura. Dopo di loro gli partorì i Ciclopi Arge, Sterope e Bronte, ognuno dei quali aveva un solo occhio in mezzo alla fronte. Una tradizione diversa è riferita da Diodoro Siculo riguardo a questo dio. Costui sarebbe stato il primo re degli Atlanti, un popolo molto pio e giusto, che abitava sulle rive dell'Oceano. Egli avrebbe insegnato loro a coltivare la terra, a vivere civilmente e avrebbe inventato il calendario secondo il movimento degli astri. Alla sua morte gli sarebbero state resi grandi onori divini ed essendo stato un grande astronomo, col passare del tempo, fu identificato col Cielo. In questa tradizione si attribuiscono a Urano 45 figli, 18 avuti da Tite (identificata poi con Gaia), e proprio per questo chiamati Titani. Le sue figlie furono Basileia ("la Regina"), più tardi Cibele, e Rea, soprannominata Pandora. La bellissima Basileia succedette al trono del padre e sposò il fratello Iperione, dal quale ebbe Helios e Selene (ovvero il Sole e la Luna). Diodoro menziona come figli di Urano anche Atlante e Crono. Platone vi mette anche Oceano e Teti. L'eterogeneità della genealogia di Urano è dovuta al fatto che essa è una commistione di molte leggende e racconti, ma soprattutto un'interpretazione simbolica di cosmogonie dotte; così Urano non ha praticamente nessuna parte nei miti ellenici. Tuttavia, Esiodo conserva il ricordo di due profezie, attribuite congiuntamente, a Urano e a Gaia: anzitutto, quella che aveva avvertito Crono che il suo regno sarebbe finito dopo che egli fosse stato vinto da uno dei suoi figli. Poi, la profezia fatta a Zeus, che lo metteva in guardia contro il figlio che avrebbe avuto da Meti (la "Prudenza", o in senso negativo, "la Perfidia"). Proprio obbedendo a questa profezia egli inghiottì Meti, con la conseguenza che poi dalla testa di Zeus sarebbe nata Atena. Il dio era sentito, nel suo complesso, piuttosto remoto, lontano dalla vita quotidiana degli uomini. Ciò spiega, forse, il motivo per cui non sono ricordati luoghi di culto o altari eretti in suo onore.

Ponto - Mare

Ponto è un personaggio poco conosciuto della mitologia greca, era la personificazione maschile del mare, una divinità marina del mare primordiale. Non possiede nessuna leggenda particolare e figura soltanto nelle genealogie teogoniche e cosmogoniche. Passa per essere figlio di Gea che si autofecondò (secondo altre versioni invece fu figlio di Gea ed Etere).

Unito a Gea, generò:

- **Nereo** - Viene raffigurato come un vecchio saggio che prediceva accadimenti, giusto e benevolo, chiamato da Omero «vegliardo del mare». Nereo abita in fondo al Mar Egeo e ha la facoltà di assumere forme diverse, in particolare quella di serpente, acqua e fuoco, e di predire il futuro, caratteristiche tipiche di molte divinità marine. Fu lui a predire a Paride tutti i mali che sarebbero derivati dal rapimento di Elena di Troia. Eracle riuscì ad avere da lui le informazioni necessarie per raggiungere il Giardino delle Esperidi per raccogliervi i pomi d'oro. Fu il marito dell'oceanina Doride, dalla quale ebbe le Nereidi, tra cui Alice e Teti, quest'ultima madre di Achille, con le quali dimorava in una grotta nelle profondità marine. Ebbe forse anche un figlio, Nerito. A lui è stata dedicata la Grotta di Nereo a Capo Caccia (Alghero), una delle grotte sommerse più importanti del Mediterraneo, e alle sue figlie varie grotte circostanti presso la stessa grotta.

- **Taumante** - Non vi sono miti particolari legati alla figura di Taumante. Con l'Oceanina Elettra generò le Arpie e Iride, l'arcobaleno, messaggera degli dei e in particolare di Era.

- **Forco** - Forco, conosciuto anche come Forci o Forcide è una divinità primordiale della mitologia greca che rappresenta i pericoli nascosti nelle profondità marine. Forco viene generalmente citato come figlio di Ponto e Gaia ma, secondo altre fonti minori, sarebbe assieme a Crono e Rea, uno dei primi figli di Oceano e Teti. In alcuni scritti appare come fratello di Nereo, Taumante, Euribia e Ceto e, secondo la teogonia di Esiodo, proprio con la sorella Ceto generò molti figli, per lo più mostri marini, conosciuti come Forcidi; tra di essi particolare importanza ricoprono le Gorgoni (Euriale, Steno e la famosa Medusa), le Graie e Ladone. Secondo altre fonti minori, tra i figli di Forco ritroviamo anche Scilla ed Echidna: Omero nell'Odissea gli assegna la paternità della ninfa marina Toosa. Non è certo il luogo ove Forco dimorava: secondo taluni miti la sua tana era ad Arinno, sulla costa dell'Acaia, secondo altri sull'isola di Cefalonia, altri ancora lo collocano a Itaca.

- **Ceto** - Ceto è una divinità avente sembianze di mostro marino. Sposò il proprio fratello Forco e gli dette numerosi figli: Echidna, Scilla, le Graie, le Gorgoni, il drago Ladone, che custodiva i pomi delle Esperidi e le stesse Esperidi. Ceto era la personificazione dei pericoli del mare e, in senso più lato, delle paure nascoste e delle creature estranee. Come indica lo stesso nome (si pensi alla parola cetaceo), Ceto era raffigurata spesso come un mostro marino dalla foggia di grande pesce o balena. Nell'arte greca Ceto era rappresentata come un incrocio tra un pesce (o, talvolta, come un'altra creatura marina) e un serpente.

- **Euribia** - Nella Teogonia, Esiodo la definisce come "avente un cuore di selce dentro di lei". Il suo nome significa "vasta forza". Era la dea della padronanza sul mare, e presiedeva per lo più a ciò che lo influenzava che al mare stesso, come il vento, i tempi stagionali e il sorgere delle costellazioni. Sposò il titano Crio, da cui ebbe i figli Astreo, Pallante e Perse.

A Ponto è attribuita anche la paternità dei Telchini, della ninfa Alia e dei pesci marini, tutti generati assieme a Talassa. I Telchini erano demoni che abitavano sull'isola di Rodi. Avevano una sorella, Alia, la quale si unì a Poseidone. Essi stessi hanno partecipato all'educazione del dio, con Cafira. In questa educazione hanno la stessa parte dei Cureti in quella di Zeus. Si attribuisce ai Telchini l'invenzione di un certo numero di arti, in particolare l'idea di scolpire le statue degli dei. Inoltre costruirono il tridente di

Poseidone. Erano anche maghi e avevano il potere di far cadere la pioggia, la neve e la grandine. Ma non desideravano rivelare le proprie capacità, mostrandosene assai gelosi. Un po' prima del Diluvio, ebbero il presentimento della catastrofe e lasciarono Rodi, la loro patria, per disperdersi nel mondo. Uno di loro, Lico, giunse in Licia (di cui probabilmente era eponimo), dove costruì, sulle rive di un fiume lì vicino, il tempio di Apollo Licio. Erano rappresentati sotto forma di esseri anfibi, metà marini e metà terrestri. Avevano la parte inferiore del corpo a forma di pesce o di serpente, o i piedi palmati e per la parte superiore da canidi come lupi cani. Non erano ben visti dagli dei, di cui provocano spesso l'ira.

I 17 Telchini erano:
- Aktaios (Actaeus)
- Argyron
- Atabyrius
- Chalcon
- Chryson
- Hormenius
- Lykos (Lycus ou Lyktos)
- Megalesius
- Mylas
- Nicon
- Simon
- Zenob
- Skelmis
- Damnameneus
- Damon (Demonax)
- Megalesios
- Ormenos.

Nella mitologia greca **Alia** era, secondo una versione del mito, una delle spose di Poseidone, il dio dei mari. La ninfa Alia era figlia di Ponto e di Talassa. Secondo Apollonio Rodio, ebbe da Poseidone diversi figli fra cui sei maschi e un'unica femmina, chiamata Rodo (amante di Helios, che diede anche il nome all'isola di Rodi e ai suoi abitanti). I sei figli insultarono in continuazione Afrodite, la dea dell'amore, e lei per punizione li fece impazzire tutti. Maltrattarono la madre Alia fino a violentarla e Poseidone infuriato li sprofondò sotterra facendoli diventare demoni. Nella mitologia greca, **Talassa** è una divinità marina primordiale, figlia di Etere ed Emera. Rappresenta la personificazione del Mar Mediterraneo. Fu anche madre di Egeo, personificazione del Mar Egeo.

I Titani

I Titani sono gli dèi più antichi nati prima degli Olimpi e generati da Urano (Cielo) e Gaia (anche Gea, Terra). Titanidi erano invece chiamate le loro sorelle, mogli e compagne. I Titani vengono solitamente considerati come le forze primordiali del cosmo, che imperversavano sul mondo prima dell'intervento regolatore e ordinatore degli Dei olimpici. Nella Teogonia di Esiodo viene narrato che unendosi a Urano, Gaia genera i sei Titani:

- Ceo – Titano della saggezza
- Crio – Titano della forza e della potenza
- Crono o Kronos – Titano del tempo (e Re dei titani)
- Giapeto o Iapeto – Titano della mortalità, progenitore degli uomini
- Iperione – Titano della vigilanza e dell'osservanza
- Oceano – Titano dei mari e dei fiumi

e le sei Titanidi:

- Febe o Phoibe – Titanide dell'oscurità
- Mnemosine o Mnemosyne – Titanide dei ricordi
- Rea – Regina dei Titani – Titanide della maternità e della fertilità
- Tea o Theia – Titanide della vista e della luce
- Temi o Temys – Titanide della giustizia
- Teti o Tetide – Titanide dei fiumi

Sempre nella Teogonia esiodea viene citata la generazione di altri Titani:

- Ponto genera Nereo detto il "vecchio", divinità marina sincera ed equilibrata; poi, sempre Ponto ma unitosi a Gaia, genera Taumante, quindi Phorcy, Cetó dalle "belle guance" ed Eurybie.
- I Ttitani Tea e Iperione generano Elios (Sole), Selene (Luna) ed Eós (Aurora).
- I Titani Febe e Ceo generano la dolce Letó (anche Latona) dal peplo azzurro, Asterie (anche Asteria) che Perse condusse al suo palazzo come consorte.
- Asterie e Perse generano Ecate; i versi 404-52 della Teogonia corrispondono all'Inno a Ecate la dea di stirpe

titanica che qui possiede un rango particolarmente elevato, assegnatole da Zeus in persona; la sua zona di influenza è la terra, il mare e il cielo dove ella appare a protezione dell'uomo oltre che nel ruolo di intermediaria tra questi e il mondo degli dèi.

- Il Titano Giapeto e l'oceanina Climene generano Atlante dal cuore violento, Menetio, Prometeo e Epimeteo: il destino di Atlante e di Menetio sono decisi da Zeus i quali costringe il primo a sorreggere la volta celeste con la testa e facendo forza sulle braccia, mentre il secondo, per via della sua tracotanza, lo scaglia con il fulmine nell'Erebo.

Ceo

Il suo nome allude all'intelligenza e ciò probabilmente spiega perché nel mito pelasgico della creazione venne associato al pianeta Mercurio. Venne precipitato nel Tartaro al termine della Titanomachia. Ceo è anche il nome dell'isola più occidentale delle Cicladi. Nella mitologia romana era conosciuto come Polus, l'incarnazione dell'asse celeste attorno al quale ruotavano i cieli. Come la maggior parte dei Titani egli non ha svolto alcun ruolo attivo e appare solo negli elenchi dei Titani, ma è importante soprattutto per i suoi discendenti.

Con la sorella, la "brillante" Febe, Ceo generò:

- **Asteria** – La Titanide dello spazio - Asteria fu la sposa del titano Perse, e gli diede una figlia che chiamarono Ecate. Per sfuggire all'amore fedifrago di Zeus, Asteria si trasformò in una quaglia, ma la fuga precipitosa la fece precipitare nel mar Egeo. Zeus ne fu addolorato e trasformò Asteria in un'isola, che si chiama anche Ortigia, ovvero "isola delle quaglie". Su quest'isola Leto (sorella di Asterio) trovò asilo e vi partorì Apollo e Artemide. E siccome per la nascita di Apollo, dio del Sole, l'isola fu tutta circonfusa di luce, fu, da allora, chiamata Delo, che in greco significa "la chiara, la luminosa", in coerente simmetria con l'altro nome, Asteria, che significa "stella".

- **Leto o Latona** – La Titanide della tecnologia - Possedeva i poteri del progresso tecnologico e vegliava sulla tecnologia e sui fabbri. I suoi poteri erano molto simili a quelli di Efesto (Vulcano). Generò da Zeus i gemelli Apollo e Artemide cacciatrice, personificazione della luna identificabile anche in Selene ed Ecate. La mitologia spesso accosta il nome di Latona al continente originario degli Iperborei, popolo nordico emigrato in diverse ondate dalle zone artiche fino all'Europa e all'Asia. Esiodo narra che Zeus - che pure l'amava, ma temeva le ire e la gelosia della moglie Era - allontanò da sé Latona poco prima che essa partorisse. Nessuno voleva darle ospitalità, temendo le ritorsioni di Era; così Latona, inseguita dal serpente Pitone, vagando attraverso il Mare Egeo, trovò rifugio presso l'isola egea di Ortigia (Delo), dove nacquero Artemide e Apollo. I figli di Latona in seguito uccisero il serpente, sul monte Parnaso, per vendicarsi delle sofferenze inflitte alla madre. Leggermente diversa la versione fornita da Ovidio, secondo cui fu Orione, accorso in difesa di Latona, ad avere la peggio, morendo, in uno scontro con Scorpione, avverso alla dea. Resta il fatto che, partoriti Apollo e Diana, Latona in segno di gratitudine fissò l'isola a quattro pilastri emergenti dal fondo marino per darle stabilità e intelligenza.

Ceo era il portavoce della saggezza di suo padre Urano, e di sua madre Gea. In questo senso le sue due figlie erano i due rami di chiaroveggenza: Leto e suo figlio Apollo presiedevano la potenza della luce e del cielo. La figlia Asteria fu la sposa del titano Perse, che gli diede una figlia che chiamarono Ecate: la più impenetrabile delle Dee, ammantata com'era da quel denso alone di mistero che le conferisce l'aspetto insidioso e terrifico che rende la notte, le tenebre e gli spiriti dei morti.

Crio

Tra tutti i Titani figli di Urano e Gaia, Crio è il meno famoso. Quando suo fratello Crono ordì una congiura per spodestare il padre, ordinò a Crio e agli altri suoi fratelli Ceo, Giapeto e Iperione di posizionarsi ai quattro angoli della terra: allorché Urano scese per accoppiarsi con Gea, loro quattro lo afferrarono, tenendolo fermo, mentre Crono lo evirava con una falce. La posizione di Crio e dei suoi tre fratelli ai quattro angoli del mondo nel mito della deposizione di Urano discende probabilmente dai "pilastri cosmici" di altre mitologie che separano il cielo dalla terra, e Crio rappresenta il pilastro del sud (Kriôs significa "ariete", e l'inizio dell'anno greco era segnato dal sorgere della costellazione dell'ariete da sud). E' uno dei pochi che non si è sposato con una sua sorella Titanide; infatti, sua moglie è la sua sorellastra Euribia, figlia di Gaia e Ponto. Personifica l'ideale della forza e della potenza, è l'ariete del cielo.

Ha come figli:

- Astreo
- Pallante
- Perse

Astreo – Titano delle stelle e dei pianeti - Da lui e dalla moglie Eos (l'aurora, figlia di Iperione) nacquero i venti: Zefiro, Borea, Noto e Apeliote, le stelle ed Eosforo. Viene nominato nelle Dionisiache di Nonno di Panopoli come dio delle profezie e degli oroscopi, dal quale si reca Demetra per conoscere il destino della figlia Persefone.

Pallante o Pallade – Il Titano dell'arte della guerra - Nella mitologia greca è ricordato quasi esclusivamente per le imprese dei figli: Pallante si unisce alla ninfa Oceanina Stige e genera Nike, Cratos, Bia e Zelo. Nike è la simbolizzazione della Vittoria. Cratos è il Potere, Bia personifica la Violenza e Zelos la Costanza (oppure la Gelosia). I figli di Pallante si alleano a Zeus nella lotta contro i Titani. In particolare Bia e Cratos vengono incaricati dal Sommo dio di incatenare Prometeo. Pare, invece, che egli partecipò alla Gigantomachia, nella quale perse la vita, tentando di abusare sessualmente di Atena, ma secondo altri mitografi si tratta di un altro Pallante. Pallade, è però considerato Titano patrono della

Saggezza, e per tal motivo l'ellenica Atena avrebbe avuto tutto l'interesse a ucciderlo per prendere il suo posto. D'altronde l'epiteto Atena Lafria, "colei che conquista il bottino", fa supporre che fosse lei l'inseguitrice e non l'inseguita.

Perse – Il Titano della distruzione - Marito di Asteria, dalla quale ebbe Ecate.

Crono

Crono è, nel ramo genealogico dei Titani, il figlio più giovane di Urano e Gaia. Solo fra tutti i suoi fratelli, aiutò la madre a vendicarsi del padre e, col falcetto che ella gli dette, gli tagliò i testicoli. Poi, prese il suo posto in cielo e si affrettò a far ripiombare nel Tartaro i suoi fratelli Ecatonchiri e Ciclopi, imprigionati un tempo da Urano, e che egli aveva liberato dietro preghiera della loro comune madre Gaia. Una volta padrone del mondo, sposò la propria sorella Rea e, insieme a lei, prese possesso del monte Olimpo, scacciando gli antichi regnanti: Ofione e la nipote Eurinome (figlia di Teti e Oceano). Poiché Urano e Gaia, depositari della saggezza e della conoscenza dell'avvenire, gli avevano predetto che sarebbe stato detronizzato da uno dei suoi figli, divorava questi man mano che nascevano. Così generò e successivamente divorò Estia, Demetra, Era, Ade e Poseidone. Adirata per vedersi privata in tal modo di tutti i suoi figli, Rea, incinta di Zeus, fuggì a Creta e qui partorì segretamente. Poi, avvolgendo una pietra con pannolini, la diede a Crono perché la divorasse. Egli la inghiottì senza accorgersi dell'inganno. Quando fu adulto, Zeus, aiutato da Meti, una delle figlie di Oceano, fece assorbire a Crono una droga che lo costrinse a vomitare tutti i figli divorati. Questi, guidati dal loro giovane fratello Zeus, dichiararono guerra a Crono, che aveva come alleati i suoi fratelli Titani. La guerra durò dieci anni, e un oracolo della terra promise infine la vittoria a Zeus se avesse preso come alleati gli esseri fatti un tempo precipitare da Crono sul Tartaro. Zeus li liberò e riportò la vittoria. Allora Crono e i Titani furono incatenati al posto degli Ecatonchiri, che divennero i loro guardiani. Oltre ai figli di Rea, Crono aveva avuto il centauro Chirone da Filira. Unendosi con quest'ultima, Crono aveva, infatti, preso la forma di un cavallo per timore della gelosia della moglie ed è per questo che Chirone è metà uomo metà cavallo. Un'altra versione, invece, dice che Filira, per pudore, si rifiutò al dio e si tramutò ella stessa in giumenta per sfuggirgli; ma Crono assunse la forma di un cavallo e la violentò. In una versione, Crono è considerato in qualche modo il padre di Tifone. Gaia, scontenta per la disfatta dei Giganti, calunniò Zeus presso Era, e quest'ultima andò a chiedere a Crono un modo per vendicarsi. Crono le consegnò due uova, spalmate col proprio seme: sotterrate, queste uova avrebbero originato Tifone, un demone capace di spodestare Zeus. Una leggenda fenicia narra che, unendosi con la ninfa Anobrete, Crono abbia avuto come figlio Ieudo. Durante una guerra che devastava il paese, Crono sacrificò il proprio figlio, rivestito dei paramenti reali, offrendolo per la salvezza dello Stato.

Altre leggende secondarie gli attribuiscono anche la paternità di Necessità, di Giustizia (Diche), di Nino (il fondatore dell'impero Babilonese), di Efesto (che egli avrebbe avuto da Era), di Afrodite, di Pan, di Poto (il Desiderio amoroso, che egli avrebbe avuto da Ishtar/Afrodite). Nella tradizione orfica, Crono appare liberato dalla catene, riconciliato con Zeus e dimorante nelle Isole dei Beati. Secondi altri, fu condotto a Thule e sprofondato in un magico sonno. Proprio questa riconciliazione di Crono con Zeus, che considera Crono come un re buono, il primo che abbia regnato sul cielo e sulla terra, ha portato alle leggende dell'età dell'oro. Si raccontava in Grecia che, in quei tempi lontanissimi, egli regnasse a Olimpia. In Italia, in cui Crono è stato ben presto identificato con Saturno, si poneva il suo trono sul campidoglio. Gli si attribuiva il regno dell'Africa, della Sicilia e, in genere, di tutto l'occidente mediterraneo. Più tardi, quando gli uomini erano diventati malvagi, con la generazione del bronzo e soprattutto del ferro, Crono era risalito al cielo. Esiodo raccontava un mito relativo alle differenti razze che si sono succedute dall'origine dell'umanità: oro, argento, bronzo e ferro, per esprimere il progressivo svilimento della razza umana. A queste quattro ne aggiunse una quinta, quella della stirpe divina degli uomini Eroi che precede l'ultima età, quella del ferro, come estremo tentativo di recupero prima dell'inevitabile caduta finale. All'inizio, quindi, c'era una razza d'oro. Si era nel periodo in cui Crono regnava ancora in Cielo. Gli uomini vivevano allora come gli dei, liberi d'affanni, al riparo dalle fatiche e dalla miseria, non conoscevano la vecchiaia ma trascorrevano i giorni sempre giovani tra i banchetti e le feste; giunto il tempo di morire, si addormentavano dolcemente; non erano sottomessi alla legge del lavoro, tutti i beni appartenevano a loro spontaneamente, la terra produceva naturalmente abbondante raccolto ed essi, in mezzo ai campi, vivevano in pace. Dal momento in cui, col regno di Zeus, questa razza è scomparsa dalla terra, restano tuttavia come geni buoni, custodi dei mortali e dispensatori di ricchezze. Tale è, nella forma più antica, la leggenda dell'Età dell'Oro. Ben presto questo mito diventò un luogo comune della morale, che si compiaceva nel rappresentare gli esordi dell'umanità come regno della giustizia e della buona fede.

A Roma, in cui Crono era identificato con Saturno, si poneva l'età dell'oro il tempo in cui questo dio regnava sull'Italia, dopo essere stato scacciato dalla Grecia a causa di Giove (Zeus). Saturno era stato accolto nel Lazio dall'antico dio Giano, che acconsentì a dividere il regno col nuovo venuto. Saturno si stabilì quindi sul Campidoglio, sul sito della Roma futura, dove sarebbe sorto il tempio di Giove Ottimo Massimo. Qui Saturno fondò un villaggio fortificato che portava, nella tradizione, il nome di Saturnia.

Questo regno di Saturno sul Lazio (chiamato così poiché il dio vi era nascosto, latuerat) fu estremamente felice: gli dei vivevano in intimità coi mortali, le porte non erano ancora state inventate poiché il furto non esisteva e gli uomini non avevano niente da nascondere, ci si nutriva esclusivamente di legumi e di frutti poiché nessuno pensava a uccidere. Continuando l'opera di incivilimento iniziata da Giano, la civiltà fece ulteriori passi: Saturno introdusse l'uso del falcetto (che figurava come il simbolo del dio), insegnò agli uomini a utilizzare meglio la fertilità spontanea del suolo, introdusse le prime leggi. Il mito prosegue e Saturno viene nuovamente scacciato dal figlio Giove che lo esilia su un'isola deserta, in un magico sonno, fino a quando non verrà il tempo del suo risveglio. Allora egli rinascerà come bambino: rinascita che coinciderà con il la restaurazione dell'Età dell'Oro.

I giorni consacrati a Saturno erano i Saturnalia: si svolgevano a dicembre ed erano legati ai riti per il cambiamento dell'anno. Erano caratterizzati dalla rottura dell'ordine costituito in quanto cessava l'autorità di Giove. In quei giorni schiavi e padroni si scambiavano i ruoli, era lecito giocare d'azzardo e i tribunali restavano chiusi. I Saturnalia possono essere considerati i precursori del nostro Carnevale. In epoca imperiale, con lo sviluppo della romanizzazione in Africa, Crono non incarnò più solamente Saturno, ma, nei paesi punici, anche il dio cartaginese Baal.

Con giochi di parole, si è talvolta considerato Crono come il Tempo personificato, che avanzava inesorabile con la sua falce. Egli viene dipinto spesso con un corvo al fianco. Cro-nos probabilmente significa corvo e il falcetto di Saturno era proprio a forma di corvo. Nella tradizione celtica, si raccoglieva il vischio che cresceva sulle querce utilizzando un falcetto d'oro, nel settimo mese dell'anno sacro di tredici mesi. Il vischio veniva identificato con i genitali della quercia, e quando i Druidi lo staccavano ritualmente dal tronco, eseguivano una simbolica evirazione. Si credeva che il liquido appiccicoso del vischio fosse lo sperma della quercia, dotato di grandi virtù curative. La falce rituale veniva usata anche per mietere il primo covone di grano. Con questa cerimonia si dava inizio al sacrificio del Re Sacro. Il corvo era un uccello oracolare e si supponeva che ospitasse l'anima del Re Sacro dopo il suo sacrificio. Tuttavia, i Re Sacri potevano prolungare il loro regno fino al termine del Grande Anno di cento lunazioni, sacrificando ogni anno un fanciullo come sostituto. Ecco perché si narra che Crono divorasse i suoi figli per evitare di essere detronizzato.

A Creta le vittime umane furono ben presto sostituite da un capretto, in Tracia da un vitello, in Eolia da un puledro; ma nei distretti più remoti dell'Arcadia si sacrificavano ancora fanciulli.

Giapeto

Giapeto è il progenitore della specie umana, sposo di Climene, figlia di Oceano e di Teti, ed è padre di:

- Atlante
- Epimeteo
- Menezio
- Prometeo

Come la maggior parte dei Titani, fu fatto precipitare nel Tartaro da Zeus. Egli rappresenta l'Ovest, inoltre il suo nome significa il Perforatore.

Atlante – Titano che sorregge la terra - Era un titano, figlio di Giapeto e di Climene. Ma secondo una versione più curiosa sarebbe figlio di Zeus e di Climene mentre secondo Platone sarebbe figlio di Poseidone e di Clito. Appartiene alla generazione divina anteriore a quella degli Olimpici, quella degli esseri mostruosi e smisurati. Partecipò col fratello Menezio alla sciagurata guerra dei Giganti contro gli dèi olimpi. Zeus uccise Menezio con una folgore e lo mandò nel Tartaro, ma risparmiò Atlante che condannò invece a portare il Cielo sulle spalle per l'eternità. Prima che Zeus lo condannasse a quella triste pena, ebbe il tempo di avere molti figli: con Pleione, le Pleiadi e le Iadi e il figlio Iante; con Esperide, le Esperidi. Dione è talvolta collocata tra le figlie di Atlante. Il Titano aveva saputo da un oracolo che un giorno un figlio di Zeus sarebbe venuto a rubare le mele d'oro nel giardino delle Esperidi, custodite dal drago Ladone. Per questo motivo Atlante rifiutò di dare ospitalità a Perseo, che per vendicarsi gli mostrò la testa di Medusa, e lo trasformò così nel monte Atlante. Atlante tenne sempre il Cielo sulle spalle, salvo per il breve periodo in cui Eracle lo alleviò di quel peso. Eracle, durante il compimento della sua undicesima fatica, si era recato a cercare le mele delle Esperidi. Nereo gli aveva consigliato di non coglierle con le proprie mani, ma di servirsi di Atlante, alleggerendolo nel frattempo dell'enorme peso che gravava sulle sue spalle. Appena giunto al giardino delle Esperidi, Eracle chiese dunque ad Atlante di fargli questo favore, e chinò le spalle per accogliere il peso del globo celeste; Atlante si allontanò e ritornò poco dopo con tre mele colte dalle sue figlie.

Egli assaporava la gioia della recuperata libertà. "Porterò io stesso le mele a Euristeo", disse, "se tu reggerai il Cielo sulle tue spalle per due o tre mesi ancora". Eracle finse di acconsentire, ma poiché Nereo l'aveva avvertito di non accettare una simile proposta, pregò Atlante di sostenere il globo per pochi minuti soltanto, affinché egli potesse fasciarsi il capo. Atlante, tratto in inganno, posò a terra le mele e riprese il suo carico; subito Eracle raccattò i frutti e si allontanò con un ironico saluto. La prima vertebra della colonna vertebrale, Atlante, deve il suo nome a questo personaggio, poiché essa sostiene il cranio così come il titano regge la sfera celeste

Epimeteo - Titano del ripensamento - Pur appartenendo ai ribelli Titani, Prometeo si schierò dalla parte di Zeus, inducendo a fare altrettanto anche il fratello Epimeteo (figlio di Giapeto e di Climene). Quando riceve da Atena e dagli altri dei un numero limitato di "buone qualità" da distribuire saggiamente fra tutti gli esseri viventi, Epimeteo, senza pensarci troppo, cominciò a distribuire le qualità agli animali ma si dimenticò degli uomini. Zeus ordinò a Efesto di costruire una donna bellissima, la prima del genere umano, Pandora, alla quale gli dei del vento infusero lo spirito vitale e tutte le dee dell'Olimpo la dotarono di doni meravigliosi. Si racconta che Zeus la inviò da Epimeteo affinché punisse la razza umana, alla quale Prometeo aveva dato il fuoco divino. Epimeteo, avvertito dal fratello di non accettare regali da Zeus, la rifiutò. Zeus, più indignato che mai per l'affronto subìto prima dall'uno poi dall'altro fratello, decise di punire ferocemente il Titano e tutti gli uomini che egli difendeva. Il padre degli dei fece incatenare Prometeo, nudo, con lacci d'acciaio nella zona più alta e più esposta alle intemperie del Caucaso col corpo impalato da una colonna. Inviò poi un'aquila perché gli squarciasse il petto e gli dilaniasse il fegato, che gli ricresceva durante la notte, giurando di non staccare mai Prometeo dalla roccia. Epimeteo, dispiaciuto per la sorte del fratello, si rassegnò a sposare Pandora, ma essa si rivelò tanto bella quanto stolta, perché sventatamente e per pura curiosità aprì un vaso che Epimeteo teneva gelosamente custodito, nel quale Prometeo aveva chiuso tutti i mali che potessero tormentare l'uomo: la fatica, la malattia, la vecchiaia, la pazzia, la passione e la morte. Essi uscirono e immediatamente si sparsero tra gli uomini; solo la speranza, rimasta nel vaso tardivamente richiuso, da quel giorno sostenne gli uomini anche nei momenti di maggior scoraggiamento.

Secondo alcune versioni del mito sarebbe stato proprio Epimeteo ad aprire il celebre vaso che conteneva tutti i mali, anche se, secondo Esiodo, sarebbe stata la stessa Pandora. Ebbe una figlia, di nome Pirra, che divenne sposa di Deucalione.

Menezio - Titano della rabbia - Figlio del Titano Giapeto e di una delle Oceanine, Climene. Fratello di Prometeo, Epimeteo e Atlante, come questi scampò all'inabissamento di Atlantide e si schierò a fianco dei Titani contro Zeus. Durante la guerra si scatenò fra di essi venne ucciso proprio da Zeus con una folgore, e in seguito rilegato nel Tartaro insieme con i suoi fratelli.

Prometeo - Titano della preveggenza - A questo eroe amico del genere umano sono legati alcuni antichissimi miti che ebbero fortuna e diffusione in Grecia. Egli è anche "cugino" di Zeus, essendo anche quest'ultimo figlio di un titano, Crono. Le tradizioni differiscono talvolta sul nome della madre. Viene citata Asia, figlia di Oceano o Climene, anch'ella un'Oceanina. Una leggenda più antica lo rendeva figlio di un Gigante, chiamato Eurimedonte, il quale lo aveva generato violentando Era, il che spiegherebbe l'avversione di Zeus verso Prometeo. Prometeo si sposò a sua volta. Il nome di sua moglie varia egualmente secondo gli autori: il più delle volte è Celeno, o anche Climene. I suoi figli sono Deucalione, Lico e Chimereo, ai quali si aggiungono talvolta Etneo, Elleno e Tebe. La sua azione, posta ai primordi dell'umanità, si esplicava in antitesi a Zeus, dando origine alla condizione esistenziale umana. Prometeo figlio di Era aveva cinque coppie di gemelli che giurarono fedeltà su un toro sacrificato. All'inizio i fratelli erano virtuosi e saggi, ma si lasciarono prendere dall'avidità e allora gli dei mandarono una tempesta che distrusse il loro paese. Atlante e Menezio, sopravvissero al diluvio, si unirono a Crono e ad altri Titani per combattere gli dei. Zeus, però, uccise Menezio con un fulmine e condannò Atlante a portare il Cielo sulle spalle per sempre. Prometeo pur appartenendo ai ribelli Titani si schierò dalla parte di Zeus, dicendo di fare altrettanto al fratello Epimeteo; per questo fu presente alla nascita di Atena dalla testa di Zeus, che fu molto gentile e buona con lui, insegnandogli le arti utilissime dell'architettura, dell'astronomia, della matematica, della medicina, della metallurgia, della navigazione e di tutto ciò che elevava gli uomini avvicinando la loro essenza a quella degli Dei. Dell'amicizia che prova per gli uomini dà testimonianza fin dalla prima volta che se ne deve occupare: quando riceve da Atena e dagli altri dei un numero limitato di "buone qualità" da distribuire saggiamente agli esseri viventi. Epimeteo («colui che riflette dopo»), senza pensarci tanto, cominciò a distribuire le qualità agli animali ma non agli uomini; Prometeo rimediò rubando ad Atena uno scrigno in cui erano riposte l'intelligenza e la memoria e le donò agli umani. Zeus in quel momento non era favorevole agli umani, anzi aveva deciso di distruggerli: non approvava la gentilezza di Prometeo per le sue creature e considerava i doni del titano troppo pericolosi, perché gli uomini in questo modo sarebbero diventati sempre più potenti e capaci. Durante un sacrificio agli dei, nella piazza di Mecone, gli uomini si incontrarono e decisero di dividersi di accordo comune gli animali sacrificati. Prometeo, convocato in qualità di arbitro per stabilire quali parti di un toro sacrificato spettassero agli dei e quali agli uomini, ammazzò l'animale, lo tagliò a pezzi e ne fece due parti. Agli uomini riservò i pezzi di carne migliori, nascondendoli però sotto la disgustosa pelle del ventre del toro. Agli dei riservò le ossa che mise in un lucido strato di grasso. Fatte le porzioni, invitò Zeus a scegliere la sua parte, il resto andava agli uomini. Zeus accettò l'invito e prese la parte grassa, ma vedendo le ossa abilmente nascoste, si arrabbiò lanciando una maledizione sugli uomini. Fu da allora che gli uomini sacrificando agli dei lasciarono a essi le parti immangiabili delle bestie sacrificate, consumandone la carne; ma i mangiatori di carne diverranno per questo mortali mentre gli dei rimarranno immortali. Lo sfrontato raggiro doveva essere punito e Zeus, senza colpire Prometeo, tolse il fuoco agli uomini e lo nascose.

Iperione

Dio del sole, della vigilanza e dell'osservanza, Iperione appartiene alla prima generazione divina, anteriore agli Olimpici. E' un Titano, figlio di Urano e Gaia. Durante il regno di Crono, Iperione e Febe guidavano il sole e le stelle. Stranamente, nella Titanomachia, la lotta fra i titani favorevoli a Zeus e quelli favorevoli a Crono, Iperione prese le parti di Zeus. Si unì in matrimonio a sua sorella Teia, dal quale ebbe tre figli:

- Elio (il Sole)
- Eos (l'Aurora)
- Selene (la Luna)

Elio – Titano del sole - Elio era sposato con Perseide, da cui ebbe molti figli, fra cui Circe, Eete e Pasifae. Era particolarmente venerato a Rodi, dove ebbe sette figli dalla ninfa Rodo, chiamati Eliadi, come le cinque figlie avute dalla sorella di Perseide, Climene, che mise al mondo anche Fetonte. Il dio viene normalmente rappresentato alla guida del carro del sole, una quadriga tirata da cavalli che soffiano fuoco dalle narici (Eòo, Etone, Flegone e Piroide). Il carro sorgeva ogni mattina dall'Oceano e trainava il sole nel cielo, da est a ovest, dove si trovavano i due palazzi del dio. Questa sua attività gli permetteva di penetrare con i suoi occhi ovunque con lo sguardo e di assistere a ogni avvenimento del mondo, tra gli altri, anche al rapimento di Persefone da parte di Ade. Per via di questa sua lungimiranza, Elio veniva invocato come testimone in ogni giuramento. In epoca storica, Elio viene confuso con Apollo. Soltanto verso la fine dell'impero romano, il sole (Sol Invictus) in quanto tale, fu oggetto di un particolare culto da parte della famiglia degli Aureli, che si erano proclamati suoi diretti discendenti.

Eos – Titanide dell'alba - È moglie di Astreo, col quale ha generato i venti Zefiro, Borea, Noto e Apeliote. Tra i primi amanti di Eos si nomina lo stesso Zeus, da cui ebbe una figlia di nome Ersa (o Erse), dea della rugiada, altrove ritenuta figlia del padre degli dei e di Selene, sorella di Eos. Più tardi fu amata da Ares, il dio della guerra, con cui condivise più volte il suo talamo; sdegnata per il tradimento del suo amante, Afrodite punì la dea sua rivale, condannandola a innamorarsi di continuo di comuni mortali. La maledizione di Afrodite ebbe il suo effetto, quando Eos intravide, durante una sua passeggiata presso la città di Troia, un fanciullo di straordinaria bellezza e di sangue reale, di nome Titone, figlio del re Laomedonte. Così, un giorno, la dea lo rapì e lo condusse con sé, rivolgendosi poi a Zeus per concedergli l'immortalità. Dalla loro unione nacquero due figli, Emazione e Memnone, ucciso da Achille durante l'assedio di Troia. Da quel giorno la dea dell'aurora piange inconsolabilmente il proprio figlio ogni mattina, e le sue lacrime formano la rugiada. Un altro suo amante mortale fu Cefalo, marito di Procri. Secondo Esiodo i due avrebbero generato Fetonte, altrove ritenuto figlio di Elio e Climene. Omero la chiama "la dea dalle rosee dita" per l'effetto che si vede nel cielo all'alba.

Selene – Titanide della luna - E' la personificazione della Luna piena, insieme ad Artemide (la Luna crescente), alla quale è a volte assimilata, e a Ecate (la Luna nuova). La dea viene generalmente descritta come una bella donna con il viso pallido, che indossa lunghe vesti fluide bianche o argentate e che reca sulla testa una luna crescente e in mano una torcia. Molte rappresentazioni la raffigurano su un carro trainato da buoi o su una biga tirata da cavalli, che insegue quella solare. Le si attribuì una relazione con Zeus, dal quale ebbe Pandia ed Erse (la rugiada) e un'altra con Pan, che per sedurla si travestì con un vello di pecora bianca e Selene vi salì sopra. Un altro mito che la riguarda è quello dell'amore per Endimione, re dell'Elide. Selene si innamorò del bellissimo giovane e ogni notte lo andava a trovare mentre dormiva in una grotta del monte Latmo, in Asia Minore.Pur di poterlo andare a trovare ogni notte, Selene gli diede un sonno eterno e dalla relazione nacquero cinquanta figlie. Nella mitologia romana fu associata a Luna; il tempio della Luna si trovava a Roma sull'Aventino.

Oceano

Come divinità, Oceano è il maggiore dei Titani, figlio di Urano e Gaia. E' sposato con sua sorella Teti, che rappresenta la potenza feconda femminile del mare. Veniva rappresentato come un uomo dalla lunga barba e con le corna d'oro, ma è più insistente il riferimento alla sua forma circolare e al fatto che costituiva l'eterno alimento a tutti i corsi d'acqua. Durante il regno di Crono, Oceano e Teti governano insieme i mari e i fiumi. Insieme a Teti generò tutti i fiumi, che sono almeno tremila: Acheloo (il maggiore), Nilo, Eridano, Meandro, Istro, Scamandro. Sempre da Teti, ebbe altrettante figlie, le Oceanine, le quali si unirono a un gran numero di dei e mortali per generare molti figli. Esse personificano i ruscelli e le sorgenti: Stige (la maggiore), Elettra, Doride (moglie di Nereo), Asia, Calliroe, Climene (moglie di Giapeto), Eurinome (antica regnante dell'Olimpo scacciata in seguito da Crono e Rea), Europa, Meti (prima moglie di Zeus), Clizia, Dione, Criseide, Calipso, Pleione (madre delle Pleiadi e delle Iadi), Anfitrite (moglie di Poseidone). Oceano non è mai stato in buoni rapporti con Crono, in quanto sarebbe dovuto spettare a lui il dominio sul mondo dopo Urano, dato che era il più anziano. Infatti, nella Titanomachia, Oceano non appoggiò il fratello e rimase neutrale.

Nell'Iliade, all'origine degli dei e del mondo sono subito preposti Oceano e Teti (invece di Gaia e Urano). Solo quando la creazione fu compiuta, Oceano segnò il confine tra il disco del mondo e l'indeterminazione esterna, rifluendo eternamente in se stesso. Oceano è raffigurato come statua nel contesto della Fontana di Trevi, in cui si trova nella nicchia centrale.

Febe

Sposata al fratello Ceo, da lui ebbe Leto (o Latona), madre di Apollo e Artemide, e Asteria (che non viene però citata da Diodoro). Artemide ha ereditato dalla nonna i tratti spiccatamente lunari, mentre Apollo viene anche chiamato Febo.

Durante il regno di Crono, Iperione e Febe guidavano il sole e le stelle. Le si attribuiva la fondazione dell'oracolo di Delfi, in quanto accompagnatrice di Temi. Per il suo genetliaco ne aveva fatto regalo ad Apollo, il quale, attraverso Latona, era nipote di Febe.

Febe è anche il nome di una delle Leucippidi, moglie di Polluce.

Inoltre, esiste anche un'altra Febe figlia di Elio, una delle Eliadi.

Mnemosine

Mnemosine fu amata da Zeus, il quale le si presentò sotto forma di pastore. Giacquero insieme per nove notti sui monti della Pieria e dopo un anno, Mnemosine partorì nove figlie, le Muse: Cleio, Euterpe, Thaleia, Melpomene, Terpischore, Erato, Polyhymnia, Urania, Calliope. Pausania riferisce che, originariamente, le figlie fossero tre, ossia Melete, la Pratica, Mneme, il Ricordo, e Aoide, il Canto.

Diodoro Siculo racconta poi che Mnemosine aveva scoperto il potere della memoria e che aveva assegnato i nomi a molti oggetti e cose astratte che servivano a intendersi durante la conversazione. Inoltre, a questa dea era attribuito il potere di far ricordare (da cui deriva il suo nome).

Secondo Pausania, in Beozia si trovava l'antro di Trofonio, uno degli accessi agli Inferi, dove, per entrare era necessario prima bere da due fontane. La prima, intitolata a Lete (la dimenticanza), faceva scordare le cose passate. L'altra, intitolata a Mnemosine, consentiva di ricordare ciò che si sarebbe visto nell'aldilà.

Rea

Rea, sorella e moglie di Crono, era madre di Ade, Demetra, Era, Estia, Poseidone e Zeus. I figli di Rea erano destinati a essere divorati dal proprio padre Crono, re dei Titani, in seguito alla profezia che stabiliva che egli sarebbe stato detronizzato da uno dei propri figli. Zeus evitò il proprio destino grazie al parto eseguito di nascosto da Rea nell'isola di Creta, e riuscì, divenuto maturo e con l'aiuto dei Ciclopi e degli Ecatonchiri suoi alleati, a spodestare Crono (e i fratelli di lui, i Titani) durante la Titanomachia. Esiste una tradizione simile riguardante Poseidone, che sua madre avrebbe salvato con uno stratagemma analogo. In questo caso, Rea si sarebbe recata a Rodi, dove avrebbe affidato il piccolo Poseidone alle cure dei Telchini e di Cafira, figlia di Oceano. Rea avrebbe anche personalmente ridonato la vita a Dioniso e lo avrebbe purificato dalle colpe e dagli eccessi giovanili, iniziandolo ai Misteri. Alcune leggende narrano che Rea avesse al suo seguito alcuni demoni misteriosi, detti Cabiri, che avevano assistito alla nascita di Zeus dall'acropoli di Pergamo (Turchia). Tuttavia, le leggende sui Cabiri sono poche e confuse, la loro origine e la loro natura sono interpretate in modo diverso dagli antichi mitografi.
Altri demoni al seguito di Rea sono i Dattili, nati probabilmente a Creta o in Frigia. Si narra che, nel momento in cui Rea metteva al mondo Zeus, le sue mani erano premute al suolo contratte dal dolore: dalle loro impronte nacquero i Dattili, il cui nome significa appunto "dita", cinque femmine dalla mano sinistra e cinque maschi dalla mano destra. I Dattili aiutarono Rea ad alleviare la sofferenza del parto e, apparentati ai Cureti, si ritiene sovente che abbiano vegliato, come questi, sull'infanzia di Zeus. In seguito i maschi si dedicarono all'arte metallurgica mentre le femmine si occuparono dell'arte tessile. In una leggenda orfica si racconta che Zeus avesse posseduto anche la sua stessa madre Rea. La titanessa, paventando le conseguenze dell'incontenibile brama sessuale del figlio, gli aveva proibito di sposarsi. Ma egli le oppose la minaccia di usare la violenza anche a lei e la portò a compimento sotto forma di serpente, poiché Rea aveva assunto questa stessa forma nel tentativo di fermarlo. Rea, come dea della vita sulla terra, fu venerata in particolare a Creta, dove la si celebrava in processioni accompagnate dal suono di cembali e zampogne, seguite da orgie mistiche. In epoca romana, fu assimilata a Cibele, la Madre degli

dei. Rea è stata anche identificata dai romani con Opi, divinità sabina dell'Abbondanza compagna di Saturno (il corrispettivo di Crono). Il giovane re asiatico Adrasto, che combatté quale alleato di Priamo nella guerra di Troia, aveva una particolare devozione per questa dea. Sue omonime sono Rea Silvia, la madre di Romolo e Remo, e la sacerdotessa Rea amata da Ercole.

Tea

Tea, sorella e moglie di Iperione, era la madre di Elio (dio del sole), Selene (dea della luna) ed Eos (dea dell'aurora). Il nome, da solo, significa semplicemente dea; spesso veniva chiamata con l'appellativo Eurifessa per accentuarne la magnificenza e lo splendore Dato che Teia era madre della dea della luna, Selene, il suo nome (Theia) è stato usato dagli scienziati per designare l'ipotetico pianeta che, stando alla teoria dell'impatto gigante, si scontrò con la Terra, dando origine al suo satellite naturale, la Luna. Altra omonima, in alcune versioni, è l'Oceanina Teia, figlia di Oceano e madre dei Cercopi, mentre il personaggio maschile Teia, in una tradizione, sarebbe il padre di Adone.

Temi

Il significato del nome Temi è "irremovibile", e forse per questo motivo questa figura mitologica fu considerata non tanto una dea, quanto la personificazione dell'ordine, della giustizia e del diritto, tanto che si usava invocarla nel momento in cui qualcuno doveva prestare un giuramento. E' una delle spose divine di Zeus, la seconda dopo Meti. Da Zeus, Temi generò le Stagioni (che erano chiamate Ore), le tre Moire (chiamate anche Parche), Cloto, Lachesi e Atropo, la Vergine Astrea, le ninfe dell'Eridano, alle quali Eracle chiese la via per il paese delle Esperidi. Talvolta si attribuiscono a quest'unione anche le stesse Esperidi. Secondo altre versioni del mito, Temi fu anche madre di Prometeo. Anticamente, Temi era considerata la dea che presiedeva al regolare succedersi dei mesi dell'anno e questo aspetto è rimasto nella cornucopia abbondante di frutti che reggeva in mano. In seguito fu assunta definitivamente come Titanide dea della Giustizia e delle leggi.I mitografi e i filosofi hanno immaginato che Temi fosse la consigliera di Zeus. Proprio lei gli aveva ordinato di rivestirsi con la pelle della capra Amaltea e di servirsene come corazza nella lotta contro i Giganti. Talvolta, le si attribuisce anche la prima idea della guerra di Troia, che sarebbe stata suscitata da lei per porre rimedio al popolamento eccessivo della Terra.
Stranamente, i rapporti tra Temi ed Era erano molto cordiali.
Fra le divinità della prima generazione, Temi è una delle poche che si sia associata agli Olimpici e condivida con essi la vita sull'Olimpo. Ella doveva questi onori non soltanto per le sue relazioni con Zeus, ma anche per i servigi da lei resi agli dei inventando gli oracoli, i riti e le leggi. Infatti, assieme alla cornucopia e agli occhi bendati (l'imparzialità della legge), reggeva i piatti di una bilancia e, conoscendo il "tempo giusto" di ogni cosa, era anche dotata di un potere oracolare. Fu lei a insegnare ad Apollo i procedimenti della divinazione e, prima del dio, possedeva il santuario pitico a Delfi. Temi ha pronunciato un certo numero di oracoli, come quello che avvertiva Atlante che un figlio di Zeus avrebbe sottratto i pomi d'oro alle Esperidi, e l'oracolo concernente la progenitura di Teti (la madre di Achille, che non si sposò con Zeus proprio perché suo figlio sarebbe stato più forte del padre).
Fu sempre Temi, invocata da Deucalione e Pirra (progenitori degli uomini dopo il diluvio), a ordinare loro di camminare a capo chino

e di gettarsi dietro le spalle le ossa della madre Terra (cioè delle pietre): da queste nacquero parecchi esseri umani, destinati a ripopolare l'umanità. Tutti gli dei si sentivano sottoposti all'autorità di Temi: non si poteva tenere una riunione sull'Olimpo se non fosse stata lei a convocarla né accedervi senza che le Ore, sue figlie, lo consentissero; quando poi era il momento di brindare, gli dei si astenevano dal porre le labbra sul calice di nettare prima che lo facesse Temi. Il custode del vecchio oracolo di Temi a Delfi era un drago, chiamato Pitone o Delfine. Oltre a proteggere l'oracolo, però, Pitone si abbandonava a ogni specie di saccheggi nel paese, intorbidando le fonti e i ruscelli, portando via mandrie e contadini, devastando la fertile pianura di Crisa e spaventando le Ninfe. Questo mostro era uscito dalla Terra. Si racconta inoltre che Era lo avesse incaricato di seguire Latona quando questa era incinta di Apollo e Artemide. Apollo liberò il paese dalla minaccia di Pitone, uccidendolo con delle frecce, e si impadronì dell'oracolo di Delfi. Ogni otto anni, a Delfi, una festa solenne commemorava l'uccisione di Pitone e la purificazione di Apollo dalla lordura provocata dalla morte del drago. Una tradizione, rappresentata soltanto da Eschilo, fa di Temi la madre di Prometeo, essendo sposata con Giapeto prima di diventare la moglie di Zeus. In realtà, Prometeo è figlio di Giapeto e Asia. Il nome Temi è dato talvolta alla ninfa arcade, madre di Evandro, chiamata più generalmente Carmenta nella tradizione romana; anche questa ninfa, figlia del fiume Ladone, possedeva il dono della profezia.

Teti

Teti fu sia sorella che moglie di Oceano ed era considerata la madre dei principali fiumi del mondo allora conosciuto dai Greci, come il Nilo, l'Alfeo e il Meandro, oltre che di tremila figlie dette Oceanine, fra le quali si ricorda Stige. Anche se ha un ruolo centrale nei miti riguardanti la creazione, e alcuni inni sono a lei dedicati, Teti non ha praticamente nessun ruolo nei testi letterari greci, nella religione greca e nei suoi culti. Alcuni dei pochi miti in cui si fa menzione di Teti, sono quelli relativi alla grande dea Era. Questa divinità infatti, mentre era ancora una fanciulla e infuriava la guerra tra i Titani e gli Olimpi, si rifugiò all'estremo del mondo, presso Oceano e Teti e venne da loro amorevolmente allevata come una figlia adottiva. In seguito, come rileva anche il capitolo XIV dell'Iliade, Teti è presente nel mito in cui Era, per ingannare Zeus e renderlo geloso, afferma di volersene andare lontano da lui, per i suoi continui tradimenti, tornare da Oceano, "origine degli dei" e da Teti "la madre". In un'altra occasione Teti aiutò la dea Era a prendersi una rivincita sul marito Zeus, che aveva partorito Atena dalla testa; Teti fornì a Era un'alga, che una volta inghiottita, le permise di partorire Efesto per partenogenesi. Indicativo del potere di Tetide è ciò che compie nel mito relativo a Era, che le chiede di fare qualcosa, perché dispiaciuta del fatto che Zeus abbia posto Callisto e Arcade in cielo come costellazioni (come Orsa Maggiore e Orsa Minore). Perciò, per fare un favore alla sua amata figlioccia, Tetide proibisce a queste costellazioni di riuscire mai a tramontare (infatti sono costellazioni circumpolari, cioè ruotano perennemente attorno al Polo Nord, senza mai trovare riposo sotto l'orizzonte). Una delle poche rappresentazioni di Teti, identificata in modo sicuro grazie a un'iscrizione, è il Tardo Antico (IV secolo) mosaico dal pavimento di un edificio termale ad Antiochia, ora conservato a Dumbarton Oaks, Washington DC. Teti è stata talvolta confusa con un'altra dea marina, la nereide Teti, moglie di Peleo e madre di Achille.

Gli Ecatonchiri

Gli Ecatonchiri, o Centimani, erano figli di Urano (il cielo) e di Gaia (la terra), che venne fecondata dalla pioggia che Urano fece cadere dal cielo.

Appartengono alla stessa generazione dei Titani e dei Ciclopi.

I giganti furono tre:

- Cotto
- Briareo
- Gige.

Ognuno di loro aveva cento braccia e cinquanta teste che sputavano fuoco. Il padre, che temeva la loro forza, li gettò nel Tartaro, ovvero la parte più remota e oscura degli inferi, assieme ai Ciclopi, loro fratelli, controllati dal terribile mostro Campe (servitrice di Crono, re dei Titani). Da qui furono liberati da Zeus per combattere i Titani ribelli, altri figli di Urano e Gea. Dopo la rivolta degli Olimpi, capitanati da Zeus, e la loro vittoria sui Titani, gli Ecatonchiri vennero posti da Zeus a guardia del Tartaro (o delle isole britanniche, secondo alcuni) dove furono incarcerati i Titani.

In seguito si ribellarono anch'essi a Zeus, come racconta la Gigantomachia, ma non riuscirono a sopraffare gli Olimpi.

Le interpretazioni evemeriste fanno degli Ecatonchiri non giganti, ma uomini che abitano la città d'Ecatonchiria, in Macedonia. Avrebbero aiutato gli abitanti della città di Olimpia (gli Olimpici) a lottare contro i Titani e a cacciarli dalla regione. Evemeristi erano detti i seguaci delle tesi del filosofo Evemero di Messene, per il quale gli dei sono eroi realmente esistiti e poi divinizzati dalla fama popolare. Tra i tre centimani, Briareo è il solo ad avere un seguito come storia. Briareo è il nome usato presso gli dei, Egeone presso gli uomini. Ora lo si rappresenta mentre sorveglia, con i suoi due fratelli, i Titani nella loro prigione sotterranea; ora si narra che Poseidone lo avesse ricompensato del coraggio dimostrato nel combattimento dandogli la mano di sua figlia Cimopolea ed esonerandolo dal fare la guardia ai Titani. Si dice che come figli abbia avuto Sicano e la ninfa Etna. In una disputa tra Elio e Poseidone per la città di Corinto, Briareo, scelto come giudice, decise in favore di Elio. Quando gli Olimpici Era, Atena e Poseidone vollero incatenare Zeus, Teti chiamò Briareo in aiuto del re degli dei: la sua sola presenza e il timore della sua forza prodigiosa bastarono a distogliere i traditori dal progetto.

Stranamente, esiste una tradizione che faceva di Egeone un alleato dei Titani, con i quali avrebbe combattuto contro gli Olimpici. Fu sconfitto dalle folgori di Zeus e, come punizione, fu costretto a reggere sulle spalle il peso enorme dell'Etna.

Un omonimo di Egeone è uno dei cinquanta figli di Licaone.

Egeone è anche un monte di Creta.

I Ciclopi

I ciclopi sono delle figure della mitologia greca, divinità gigantesche con un occhio solo. In Esiodo, i tre ciclopi Bronte, Sterope e Arge sono, come i Titani, figli di Urano e di Gea. Subito dopo la loro nascita furono gettati dal padre Urano nel Tartaro perché temeva che lo volessero privare del suo dominio dell'universo, ma poco dopo furono liberati dalla madre. Creature prodigiose vengono descritti come alti conoscitori dell'arte della lavorazione del ferro. La loro attività era fabbricare i fulmini di Zeus. In Callimaco i Ciclopi sono gli aiutanti di Efesto. In epoca arcaica gli antichi mitografi distinguevano tre stirpi di ciclopi:

- I figli di Urano e Gaia (il Cielo e la Terra), che appartengono alla prima generazione divina dei Giganti.
- I Ciclopi "costruttori", che avrebbero costruito tutti i monumenti preistorici che si vedevano in Grecia, in Sicilia e altrove, costituiti da blocchi enormi il cui peso e dimensione sembravano sfidare le forze umane (le "mura ciclopiche").
- I Ciclopi "siciliani", compagni di Polifemo, di cui narra Omero. Odisseo si scontrò con Polifemo e riuscì a fuggire dalla sua caverna coi compagni superstiti, solo dopo avergli accecato nel sonno il grande occhio con un palo arroventato.

I Ciclopi siciliani sono gli artefici del fulmine di Zeus, per questo motivo incorsi nell'ira di Apollo, il cui figlio Asclepio - dio della medicina - aveva risuscitato alcuni morti ed era stato pertanto fulminato da Zeus. Sono anche i fabbri degli dei, sotto la direzione di Efesto dio del fuoco, ai quali forniscono le armi. Abitano la Sicilia e le Eolie, in caverne sotterranee dove i colpi delle loro incudini e il loro ansimare fa brontolare i vulcani della zona, mentre il fuoco della loro fucina arrossa la cima dell'Etna. Omero li descrive come esseri selvaggi e giganteschi, muniti di un solo occhio al centro della fronte e dotati di forza smisurata, che allevano montoni, vivono allo stato di natura selvaggia e praticano l'antropofagia. Virgilio nell'Eneide riprende in un certo senso dove l'Odissea aveva lasciato, quando i Troiani, sotto la guida di Enea, approdano in Sicilia e incontrano l'atterrito Achemenide, un compagno di Ulisse rimasto per sbaglio sull'isola, e Polifemo, avvertita la loro presenza, chiama a gran voce gli altri Ciclopi per catturarli. Anche il dramma satiresco di Euripide, il Ciclope, è imperniato sulla figura di Polifemo, e in un idillio di Teocrito il gigante si umanizza in un giovane rozzo ma sentimentale, innamorato di Galatea. L'arte antica ha raffigurato Polifemo, sia nella scena dell'accecamento, sia in quella della fuga di Ulisse; e nel periodo ellenistico è rappresentato anche l'episodio di Galatea. E' ipotizzabile che nell'Ellade dell'epoca primitiva con il nome di Ciclopi si indicassero i membri di una sorta di associazione di fabbri ferrai che avevano, tatuati sulla fronte, dei cerchi concentrici, allusivi alla potenza del sole, fonte primigenia del fuoco che alimentava le loro fucine. E la fucina nelle viscere dell'Etna non fa altro che spiegare la periodica fuoruscita di fumo e fuoco dalla bocca del vulcano.

I Giganti

I giganti (chiamati anche Ctoni) sono figure mitiche e leggendarie (dèi, demoni, mostri, uomini primitivi) della mitologia greca, accomunate dalla caratteristica altezza.
Nella mitologia greca, giganti sono diversi personaggi, di solito divisi in tre categorie:

1. Esseri enormi dalla cento mani, che stettero a guardia dei Titani esiliati da Zeus, dopo che aiutarono l'olimpo a vincere la guerra passata alla storia come Titanomachia.
2. Altri 24 giganti (non centimani) combatterono la gigantomachia.
   Vennero sconfitti dagli Dei con l'aiuto di Eracle (Ercole). La caratteristica di questi 24 Giganti è di avere un corpo per metà di uomo e per metà di bestia.
3. Infine si racconta anche di come Pallade, figlio di Pandione re di Atene avesse generato una stirpe di uomini dal corpo enorme, giganti.

I Giganti avevano una statura e un corpo smisurato, con code di draghi invece di piedi, e con lo sguardo terribile; erano molti ma tra i tanti i più nominati erano:

- Alcioneo - Capo dei rivoltosi
- Encelado
- Efialte
- Pallante
- Porfirione
- Grazione
- Polibote
- Clizio
- Agrio
- Eurito
- Tifone
- Talo
- Orione

Alcioneo - Protagonista della rivolta dei giganti contro il regno degli dei, nella Gigantomachia assunse il comando dei rivoltosi.
Eracle (Ercole), coinvolto nella lotta al fianco degli dei, durante la battaglia, scoccò la sua prima freccia contro Alcioneo. Il gigante

cadde al suolo per poi subito rialzarsi. Egli era, infatti, immortale nella sua terra natia. Atena suggerì allora di rapirlo e portarlo lontano, consiglio che Eracle subito eseguì, portandosi sulle spalle il gigante oltre i confini, dove divenne un essere mortale e subito a colpi di clava venne sconfitto.

Encelado - Come gli altri Giganti, Encelado nacque in una specifica regione: Flegra (in Tracia) o Pallene. Come tutti i Giganti, Encelado era una creatura metà uomo e metà bestia: fino alle cosce aveva forma umana, mentre al posto degli arti inferiori aveva squamose code di serpenti, anche se questa descrizione non è sempre stata seguita alla lettera nelle rappresentazioni pittoriche. Con gli altri Giganti, Encelado partecipò alla cosiddetta Gigantomachia, la battaglia tra i Giganti e gli dei dell'Olimpo. Durante la battaglia Encelado tentò di fuggire ma la dea Atena lo sotterrò gettandogli sopra l'isola di Sicilia, luogo dal quale non può più fuggire; il mito narra che l'attività vulcanica dell'Etna sia originata dal respiro infuocato di Encelado, mentre i tremori della terra durante i terremoti, dal suo rotolarsi sotto la montagna a cause delle ferite.

Efialte - Efialte venne accecato da Apollo e finito da Eracle. Dante lo colloca nel Pozzo dei Giganti nell'Inferno. Esso viene ritratto come uno tra i più pericolosi giganti che per la sua irruenza è ridotto alla più completa immobilità con un quintuplo giro di catene che legano il suo corpo. Quando Virgilio, passandogli vicino, spiega a Dante-pellegrino che Briareo era un gigante più pericoloso di lui, Efialte, o per un moto di gelosia o per semplice rabbia da impotenza, si scuote, più che mai torre scossa da terremoto, e spaventa Dante a morte, anche se la visione delle pesanti catene che non vacillano lo riconfortano subito.

Pallante - Gigante dall'aspetto di caprone e dotato di ali. Era figlio del Tartaro e di Gea. Secondo una tradizione era padre di Pallade Atena e cercò di rapirla e violentarla, venendone ucciso. Secondo un'altra tradizione ciò accadde durante la Gigantomachia, la lotta fra gli dèi e i Giganti. In entrambi i casi Atena ne avrebbe preso il nome a causa della vittoria, e la pelle per costruire l'Egida.
Ma un altro Pallante, era titano tutore della Saggezza. L'olimpica Atena avrebbe avuto tutto l'interesse ad arrogarsi il titolo del pelasgico Pallade, e questo spiega il fatto di assumerne il nome.

Ma il nome di pallas, "vergine", non è adatto a un gigante (né a un titano). E molti ricordano che l'egida di Atena fu fatta con la pelle della Gorgone Medusa, che Atena scorticò dopo che Perseo l'ebbe decapitata. Alcuni negano che i due "Pallante" fossero la stessa persona.

Porfirione - Cadde trafitto, insieme al fratello mostro Tifone, sotto le frecce del dio Apollo. La versione più comune racconta che Porfirione, uno dei Giganti più potenti della Gigantomachia, combatté con ferocia al fianco del fratello Alcioneo. Morto questo, attaccò violentemente Era, riuscendo a strangolarla, ma una freccia scagliata da Eros, lo ferì al diaframma. Indignato, si accanì sulla dea, tentando di violentarla, ma, mentre le strappava di dosso i vestiti, Zeus irato intervenne scagliando un enorme folgore sul nemico. Colpito a morte, Porfirione indietreggiò, quando all'improvviso Eracle, alleato di Zeus, balzò su di lui finendolo con una freccia e a colpi di clava.

Grazione - Combatté contro Artemide, ma venne sconfitto da lei e Eracle. Egli infatti, come tutti i giganti, doveva essere sconfitto da un dio e un semidio uniti. Rispetto ai suoi fratelli era basso, ma aveva grandi capacità con l'arco e un potere sulla luce lunare. Venne esiliato sotto l'Etna o, secondo alcune versioni, nel Tartaro, insieme ai suoi fratelli.

Polibote - Polibote fu inseguito da Poseidone attraverso il mare, fino all'isola di Kos. Lì, il dio staccò un pezzo dell'isola e glielo scagliò addosso, seppellendolo, dando origine all'isolotto chiamato Nisiro.

Clizio - Clizio era il nome di uno dei giganti che insieme a tanti della sua specie attaccarono l'olimpo, sede degli dei. Egli fu sconfitto da Ecate che lo bruciò con le sue torce e finito da Eracle che gli sferrò il colpo mortale.

Agrio - Durante la guerra fra i giganti e il monte Olimpo, quando cercarono di prendere il potere a dispetto delle varie divinità, Agrio il gigante fu affrontato dalle Moire (le Parche) e con i loro proiettili infuocati riuscirono ad abbatterlo, in seguito, insieme agli altri, precipitò nel Tartaro.

Tifone - Tifone, anche detto Tifeo, il cui nome vuole dire "fumo stupefacente", era, nella mitologia greca, il figlio minore di Gea e Tartaro. Secondo altre versioni, Gea, delusa per la sconfitta dei suoi figli, i Titani e i Giganti, per opera di Zeus, si lamentò di lui presso la moglie del re degli dèi: Era. La regina degli dèi credette alle parole della dea e, decisa a vendicarsi contro il suo consorte, si rivolse a Crono, che Zeus aveva precedentemente spodestato, e lo pregò di aiutarla. Deciso a vendicarsi del figlio-rivale, il dio del tempo si masturbò su due uova, che affidò alla dea, aggiungendo di sotterrarle in modo che, al tempo prestabilito, si aprissero per dare alla luce un demone capace di spodestare lo stesso Zeus. Era ascoltò i suoi suggerimenti e, dopo un certo periodo, da quelle uova nacque il mostro Tifone. Secondo il poeta Eschilo, Tifone fu confinato nell'Etna e fu motivo di eruzioni. Si unì a Echidna da cui ebbe come figli la Sfinge, Cerbero, Otro, la Chimera e l'Idra di Lerna. Tifone salì fino al Monte Olimpo e incuté talmente tanta paura agli dèi che questi si trasformarono in animali e si rifugiarono in Egitto (dove avrebbero dato vita al culto locale degli dèi animali).

Così si trasformarono gli dei:
- Zeus si fece ariete
- Afrodite pesce
- Apollo corvo
- Dioniso capra
- Era una vacca bianca
- Artemide un gatto
- Ares un cinghiale
- Ermes un ibis
- Ade uno sciacallo
- Pan trasformò solo la sua parte inferiore in un pesce e si nascose in un fiume.

Zeus fu aspramente redarguito dalla figlia Atena, che gli ricordò come da lui dipendesse il destino dell'umanità. Le due divinità assunsero così anch'esse proporzioni gigantesche e affrontarono il mostro sul monte Casio, ai confini dell'Egitto. Nel primo, durissimo scontro Atena fu messa fuori combattimento in pochi istanti, ma subito dopo Zeus riuscì a respingere Tifone con un potente fulmine e quindi ad abbatterlo a colpi di falce. Quando però il re degli dèi si avvicinò per scagliare il colpo decisivo, Tifone gli strappò l'arma dalle mani e lo ferì gravemente, imprigionandolo poi in una caverna della Cilicia. Ermes e Pan accorsero allora a salvare Zeus. Pan spaventò il mostro con le sue urla, mentre Ermes liberò Zeus dalla prigione e lo curò. Il dio raggiunse l'Olimpo, prese la guida del suo carro alato e cominciò a inseguire il gigante, colto di sorpresa dalla sua reazione. Una prima violenta battaglia si ebbe sul Monte Nisa e una seconda in Tracia, dove Tifone, ormai privo di controllo, cercò di fermare Zeus lanciandogli addosso intere montagne, ma ogni volta il Dio lo colpì implacabile con le folgori. Alla fine Tifone fuggì verso occidente e giunto in Sicilia tentò una disperata difesa sollevando l'intera isola per gettarla contro il Re dell'Olimpo. A questo punto, Zeus scagliò contro il gigante un ultimo, potentissimo fulmine che lo colpì in pieno. Tifone perse la presa e rimase schiacciato sotto l'isola che gli crollò addosso.

Talo - Gigante di bronzo, guardiano di Creta. La statua vivente fu creata da Efesto per Zeus, che ne fece dono a Europa. Si tratterebbe di un gigantesco automa di bronzo invulnerabile. Talo era stato incaricato da Minosse di sorvegliare l'isola, mettendo in fuga i nemici che tentavano di sbarcarvi, o di fermare i cittadini senza il consenso del re. Ogni giorno faceva il giro dell'isola armato e pronto per scagliare enormi pietre e non esitava buttarsi nel fuoco fino a una elevatissima temperatura e poi schiantarsi sui suoi nemici stritolandoli e bruciandoli. Il gigante era invincibile, tranne in un punto della caviglia, dove era visibile l'unica vena che conteneva il suo sangue. La leggenda vuole che quando la spedizione degli Argonauti giunse sull'isola, sia stato reso pazzo da Medea e ucciso dall'argonauta Peante che trafisse la sua vena con un colpo di freccia. Un'altra versione narra che il gigante sia morto per la fuoriuscita del sangue, causata però dall'urto della caviglia con una roccia.

Orione - Era un gigante cacciatore, sia nella mitologia greca, sia nella mitologia latina, che fu posto dal padre degli Dei tra le stelle, nella costellazione di Orione. Secondo la mitologia greca, Orione era un gigante, figlio di Poseidone ed Euriale, figlia di Minosse re di Creta. Si narra che sull'isola di Chio, una notte corteggiò Merope, figlia del re Enopio, che irato per l'affronto lo fece accecare ed esiliare. Orione si rifugiò sull'isola di Lemno dove Efesto, impietosito dalla sua cecità, lo affidò alla guida di Cedalione, che lo condusse verso est, fin dove sorgeva il sole; lì grazie a Eos, l'aurora, riacquistò la vista e prese in moglie la dea. Cacciatore dagli occhi celesti, usciva di notte accompagnato dal suo fedele segugio, Sirio, in cerca di prede. La dea Artemide, che con lui condivideva molte battute di caccia, se ne invaghì perdutamente e, nonostante fosse famosa per la sua sacra castità, gli fece delle esplicite offerte. Orione declinò i ripetuti inviti con garbo, spiegando alla dea che mai avrebbe potuto tradire la sua amata sposa, alla quale era eternamente grato per aver riacquistato la vista. Inizialmente Artemide si mise l'animo in pace, ammirando, anzi, l'insolita fedeltà dell'uomo. Quando però successivamente scoprì che Orione si era invaghito delle Pleiadi, le sette figlie di Atlante e Pleione, e che aveva cominciato a molestarle, la dea fu accecata dall'ira e per vendicare l'incredibile affronto subìto inviò un suo fedele servo, lo Scorpione; la bestia si intrufolò nella capanna del cacciatore durante la notte e ne attese il ritorno fino all'alba. Il mostro continuò a rimaner nascosto fino a quando il nostro eroe e il suo fido compagno non presero sonno, stanchi per un'intensa battuta di caccia, e infine sferrò il suo attacco letale con il suo pungiglione avvelenato, prima su Orione e poi su Sirio che si era svegliato e aveva tentato di difendere il suo padrone. Riguardo alla sua morte, Omero dice sia stato ucciso da Diana per gelosia nell'Isola di Ortigia, a colpi di freccia. Igino invece racconta della morte di Orione ucciso da Diana perché aveva tentato di violentarla. Un'altra versione narra della morte di Orione per mano di Diana. Secondo questa versione, una mattina Diana passeggiava lungo la riva del mare, in attesa che Orione la raggiungesse per una nuova battuta di caccia. Era armata di arco e la sua faretra era piena di frecce d'argento. Mentre passeggiava, suo fratello Apollo le si affiancò sorridente, in silenzio, armato anch'esso con arco e frecce. Apollo era contrariato dall'amore che sua sorella Diana provava per il mortale Orione, forse perché quell'amore distraeva Diana dai suoi doveri, forse per semplice gelosia. Quindi le tese un tranello, sfidandola a colpire un bersaglio mobile che in lontananza era appena visibile tra le onde del mare. Diana accettò quella sfida e scoccò una sola freccia che colpì in pieno il bersaglio. Mentre esultava per la sua abilità si accorse che il fratello Apollo non sorrideva più e, mentre il bersaglio si avvicinava a riva sospinto dalle onde, nel cuore di Diana cresceva un'ansia profonda.

Quel corpo era di Orione che, trafitto alle tempie dalla freccia d'argento di Diana, giaceva sulla riva come fosse di marmo. Alla sua vista, Diana pianse mentre Sirio, il cane fedele, ululava nel vento. Giove ebbe pietà di quel dolore e accolse Orione e Sirio in cielo tra le splendenti costellazioni. Da allora, Diana, si allieta guardando Orione, il bel cacciatore. Lui, con corazza d'oro e spada d'oro, va per il cielo in traccia di favolose fiere, mentre Sirio, il suo cane fedele, lo segue traverso i campi turchini fioriti di stelle. Esistono altre tradizioni riguardo alla morte di Orione: alcune dicono che lo Scorpione fu mandato a uccidere Orione da Apollo, fratello della dea, che quando venne a conoscenza dell'affetto di Artemide verso il cacciatore, ne rimase piuttosto contrariato; altre, invece, narrano che fu Orione a innamorarsi di Artemide e non viceversa e che, per difendersi da lui, la dea lo uccise con le sue frecce. Quando Zeus scoprì cosa era successo si adirò molto, e dall'alto dell'Olimpo fulminò con una folgore lo scorpione. Infine decise di far ascendere al cielo gli eroi e, da allora, la costellazione di Orione splende nell'Emisfero Boreale mentre affronta la carica del Toro. Non tanto lontano da lì luccica il Cane Maggiore (con la stella Sirio, che è la più lucente dell'Emisfero Boreale). La costellazione dello Scorpione, invece, sorge esattamente quando quella di Orione tramonta, affinché il terribile mostro non possa più insidiare il grande cacciatore.

Gli antichi sono tutti concordi nel raccontare che, dopo la sua morte, Orione fu collocato in cielo dove forma la Costellazione di Orione, la più luminosa dell'Emisfero boreale. Una linea immaginaria, passante per le stelle della Cintura di Orione e prolungata verso sud-est, incontra la stella Sirio della costellazione del Cane Maggiore, il fido compagno di Orione. Nel cielo, la costellazione di Orione rappresenta il gigante cacciatore, raffigurandolo, secondo alcuni, intento ad affrontare la carica del Toro, armato di clava (nella mano destra) e di scudo (nella mano sinistra), secondo altri, armato di clava e con una pelle di leone.

Gli Dèi dell'Olimpo

Gli Olimpi o Dodekatheon, sono i dodici dèi principali della mitologia greca. Il nome deriva dal fatto che abitano sul Monte Olimpo. Erano esseri soprannaturali e immortali che governavano sulla vita e la morte degli esseri umani. Gli Olimpi appartengono a un terzo capitolo divino: si possono infatti individuare tre fasi nella mitografia greca. Inizialmente un corpus puramente cosmogonico, nel quale non ci sono dèi propriamente detti, ma divinità naturali demiurghe e totemiche. Tra queste assume particolare importanza Urano, dal quale discenderanno gli Olimpi. La seconda generazione divina è quella dei Titani, il cui capo era Crono. Sono le divinità dei greci pelasgi. I Titani furono spodestati successivamente dagli Olimpi trecentoventidue anni prima della guerra di Troia, cioè circa verso il 1500 a.c. Nei miti della titanomachia e della gigantomachia viene raccontato questo processo di sostituzione divina, che non fu affatto pacifico. Gli Olimpi, quindi, dovrebbero essere i nipoti di Urano, ma le genealogie degli dèi dell'antica Grecia sono difficili da seguire e intricate tra loro. Ciò è spiegato dal fatto che, in caso di avvicendamento di élite diverse, ogni gruppo al potere dichiarava il proprio pantheon, o il proprio dio, superiore agli altri, e forzava i miti precedenti per giustificare questo cambiamento. Con l'arrivo degli invasori elleni le prerogative di tali divinità vengono assunte dai nuovi dèi, gli Olimpi: ricordiamo Atena, dea della saggezza, che uccide il titano Pallade, patrono del medesimo attributo.

L'elenco propone tutti i dodici dèi descrivendone l'aspetto e i simboli che li caratterizzano.

- Afrodite
- Apollo
- Ares
- Artemide
- Atena
- Demetra
- Efesto
- Era
- Ermes
- Estia
- Poseidone
- Zeus

Afrodite

Afrodite è la dea dell'amore, della bellezza, della generazione e della fertilità. Dea dell'amore, della bellezza e della fecondità, venerata in tutto il mondo greco sotto aspetti che riflettevano l'influsso della fenicia Astarte e collegata con il culto di Adone. Afrodite, la dea della bellezza e dell'amore, che i romani identificarono con Venere, era, secondo Omero, figlia di Zeus e della ninfa Dione (moglie di Efesto); invece, secondo Esiodo, era nata in primavera dalla spuma del mare fecondata dai genitali di Urano che Cronos aveva scagliato in mare dopo la ribellione contro il padre. Afrodite, dal greco afros, la spuma, aveva anche l'appellativo di Urania, perché ancora figlia del Cielo. Nata dal mare, Afrodite veniva venerata dai naviganti, non come Poseidone, ma come colei che rende il mare bello e tranquillo e sicura la navigazione. Le era sacro il delfino, l'allegro accompagnatore dei naviganti. Ella era la bellezza in persona, la grazia e la leggiadria, e Paride, benché comprato con la promessa della bella Elena, non fu in fondo un giudice ingiusto preferendola a Giunone e Minerva e assegnandole il fatidico pomo con la scritta: "Alla più bella!" gettato dalla Discordia sulla mensa nuziale di Peleo e Teti. In occidente, il culto di Afrodite ebbe il suo maggiore centro in Sicilia sul monte Erice, dove esisteva un santuario punico dedicato a Tanit. Vi si praticavano riti di fecondità e, pare, anche la prostituzione sacra. Dalla Sicilia il culto della dea si diffuse in Italia fino a Roma, dove fu venerata col nome di Venus Erycina.

La bellezza di questa divinità è stata celebrata da poeti e scrittori antichi e moderni che ne hanno messo in risalto attributi particolari della personalità e si sono comunque sentiti affascinati da lei. Amore sacro dunque, e amore profano, forza primigenia della natura, dea protettrice di tutte le forma di vita e presso molti popoli. Anche l'arte figurativa si ispirò particolarmente alla dea che rappresentò l'essenza stessa della bellezza e l'espressione più appassionata della gioia di vivere. Le famose Veneri della scultura greca, quali quelle di Prassitele, di Fidia, di Scopas, o la Venere imperiale del Canova, così come le rappresentazioni pittoriche, dagli affreschi pompeiani ai dipinti di soggetto mitologico susseguitisi nel corso dei secoli, ci forniscono sempre, nella rappresentazione delle belle forme, la possibilità di avvicinarci all'idea della bellezza assoluta come espressione del dono che gli

dei fecero agli uomini per rallegrarli, per vivificarli o per consolarli. Appena emerse dalle onde, su una conchiglia di madreperla, Zefiro l'aveva spinta sulla riva dell'isola di Cipro, da qui gli appellativi di Anadiomene, l'emersa, e di Ciprigna. Appena la dea mosse i primi passi sulla spiaggia, i fiori sbocciarono sotto i suoi piedi, e subito le vennero incontro le Ore, le Cariti, Peito, la persuasione, Potos, il desiderio, Himeros, la brama, per accoglierla, onorarla e servirla. La vestirono con un vestito bellissimo e una cintura, le misero boccole d'oro e di gemme alle orecchie, braccialetti ai polsi e una collana splendente al collo. Dal cielo arrivò un carro di gemme, tirato da due colombe, la dea vi salì e fu così assunta in Cielo. Zeus la diede in moglie a Efesto, ma la sua idea non fu delle più felici; non si può unire in matrimonio la dea più bella con il dio più brutto. Afrodite veniva rappresentata nel fiore della sua giovinezza, avvenente, graziosa, tutta ingioiellata e sorridente. Il suo volto era ovale, delicato e gentile; i suoi occhi grandi, tremuli, avevano uno sguardo soave e languido che ispiravano tanta dolcezza. Sopra il vestito portava una cintura magica, dove erano raccolti tutti i vezzi, le grazie, il sorriso che promette ogni gioia, i teneri dialoghi degli innamorati, i sospiri che persuadono e il silenzio espressivo. Erano sacri ad Afrodite: tra le piante, il mirto, la rosa, il melo, il papavero; tra gli animali, il passero, la lepre, il cigno, il delfino e soprattutto la colomba.
Dalle sue varie unioni ebbe alcuni figli:

- dal troiano Anchise ebbe Enea
- dal dio Dioniso ebbe Imene, il dio delle feste nuziali
- da Ares ebbe due figli terribili, Eros, amore, e Anteros.

I poeti greci raccontano che quando Afrodite ebbe Eros, si lamentò con la dea Temi perché il figlio non crescesse; Temi le rispose che il bambino non sarebbe cresciuto finché non avesse avuto un fratello. Allora Afrodite diede vita ad Anteros che significa "colui che ricambia l'amore"; così i poeti con questa graziosa leggenda hanno voluto dire che l'amore, per poter crescere, deve essere ricambiato.

Apollo

Figlio di Zeus e di Leto (Latona) e fratello gemello di Artemide, nacque sull'isola Asteria, poi chiamata in suo onore Delo. La sfera su cui esercita la sua sovranità divina è la musica, la medicina e la metrica; fu sempre la divinità che presiede alla conoscenza e che dissipa le tenebre rivelando il volere degli dei. Come divinità chiarificatrice è connesso quindi con la sapienza filosofica e religiosa, con l'istituzione delle leggi e la fondazione delle nuove città. E' anche stato identificato come divinità solare in quanto trasportava il sole con un carro trainato da quattro cavalli. Latona, vittima della gelosia di Era, non riuscì a trovare, al momento del parto, nessuna terra che la accogliesse, se non l'isola di Ortigia, incolta e galleggiante sulle acque. Quando però vi nacquero le due divinità l'isola si fissò sul fondo del mare e da allora in poi prese il nome di "Delo", cioè "la splendente". A Delfi, in Focide, si trovava il tempio più famoso per il culto di Apollo, dove una sacerdotessa, la Pizia, trasmetteva agli uomini i responsi del dio. Spesso fu identificato con Helios, da Euripide in poi. I poeti più antichi, invece, facevano una netta distinzione tra i due: Apollo, dio della salute, della poesia e del canto ed Helios, la sola divinità solare. Helios, era figlio di Iperione e Thea, fratello perciò di Selene, la Luna. Ogni mattina sale a oriente su dalle acque del fiume Oceano, per condurre nel cielo il carro del Sole, tirato da quattro cavalli che gettano fuoco dalle narici; poi percorso tutto il cielo scende a occidente, a bagnarsi ancora nel fiume Oceano. Durante la notte con una bacchetta d'oro si fa riportare a oriente, per riposare nel suo palazzo. Helios ebbe due figli, Fetonte e Eete, il re della Colchide, e parecchie figlie, Circe, Merope, Faetusa e Pasifae, che vennero chiamate le Heliadi. Come dio del Sole, Apollo portava sulla Terra la primavera, facendo sbocciare i fiori, poi con l'arrivo dell'estate, coi suoi raggi potenti faceva appassire e morire ciò che aveva creato in primavera. Era il dio che doveva annunciare agli uomini la volontà di Zeus, per questo era il dio dei vaticini, degli oracoli; famoso l'oracolo in suo onore, Delfi. Come dio della salute aveva anche il potere contrario, quello di mandare mali a coloro che voleva punire. Tutte le morti improvvise erano da reputare alle sue frecce letali; è lanciando col suo arco d'argento che Apollo, irritato per l'ingiusto oltraggio fatto al suo sacerdote Crise, diffuse la peste nel campo greco, come descritto nell'Iliade. Apollo, dio del sole e della luce, della salute, dei vaticini è anche e specialmente il dio del canto, della musica e della poesia. Non per nulla, nascendo, le prime parole che Apollo pronunciò richiesero che gli si desse un cetra. La dimora preferita di Apollo non era l'Olimpo, ma il Parnaso, ai piedi del quale era il suo principale oracolo, Delfi. Qui Apollo amava riposare e suonare la lira, circondato dalle Muse, sue ancelle, che danzavano e cantavano in coro. Veniva raffigurato giovane, senza barba come un adolescente, con una lunga chioma; il suo volto era sereno e dolce; la fronte era incoronata da mirto e alloro, in mano portava la cetra. Oltre la cetra, altri suoi attributi erano, l'arco, le frecce, la faretra, il cigno, lo sparviero, il lupo e la cicala. Nel Paradiso Dante invoca Apollo, dio della poesia, perché lo guidi e lo assista, insieme con le Muse, nella composizione dell'ultima e più complessa cantica con la stessa forza e la stessa potenza con cui aveva vinto e punito per la sua superbia il satiro Marsia, che aveva osato sfidarlo in una gara di abilità nel suono di strumenti musicali. Dante invoca Apollo non certo in quanto divinità pagana, ma come rappresentazione di un aspetto del Dio cristiano. La cultura medioevale intendeva, infatti, il mondo pagano, per alcuni suoi aspetti, non in opposizione con il mondo cristiano, quanto piuttosto come una sua espressione parziale e incompleta, in qualche modo "velata". La nascita di Cristo in questo senso rappresenta per l'umanità il momento della "rivelazione" e quindi della possibilità di intendere in modo pieno la verità. In quest'ottica, e riallacciandosi alla tradizione classica che lo onorava come dio della luce, Dante vede in Apollo la personificazione del sole, che il mondo cristiano identificava con Dio. Apollo viene altresì definito da Dante nel Paradiso "peana", termine con il quale usualmente viene però indicato non il dio, ma l'inno che in suo onore veniva cantato. Apollo viene normalmente raffigurato coronato di alloro, pianta simbolo di vittoria, sotto la quale alcune leggende volevano che il dio fosse nato. Suoi attributi tipici erano l'arco e la cetra. Altro suo emblema caratteristico è il tripode sacrificale, simbolo dei suoi poteri profetici. Animali sacri al dio erano i cigni (simbolo di bellezza), i lupi, le cicale (a simboleggiare la musica e il canto), e ancora falchi, corvi e serpenti, questi ultimi con riferimento ai suoi poteri oracolari. E ancora il gallo, come simbolo dell'amore omosessuale, diversi, infatti, gli uomini di cui il dio s'innamorò. Altro simbolo di Apollo è il grifone, animale mitologico di lontana origine orientale. Come molti altri dèi greci, Apollo possedeva numerosi epiteti, atti a riflettere i diversi ruoli, poteri e aspetti della personalità del dio stesso. Il titolo di gran lunga maggiormente attributo ad Apollo (e spesso condiviso dalla sorella Artemide) era quello di Febo, letteralmente "splendente" o "lucente", riferito sia alla sua bellezza sia al suo legame con il sole (o con la luna nel caso di Artemide). Quest'appellativo venne mutuato e utilizzato anche dai romani. Apollo nacque, come sua sorella gemella Artemide, dall'unione extraconiugale di Zeus con Leto. Quando Era seppe di questa relazione, desiderosa di vendetta proibì alla partoriente di dare alla luce suo figlio su qualsiasi terra, fosse essa un continente o un'isola. Disperata, la donna vagò fino a giungere sull'isola di Delo, appena sorta dalle acque e, stando al mito, ancora galleggiante sulle onde e non ancorata al suolo. Essendo perciò Delo non ancora una vera isola, Leto poté darvi alla luce Apollo e Artemide. Altri miti riportano che la vendicativa Era, pur di impedirne la nascita, giunse a rapire Ilizia, dea del parto. Solo l'intervento degli altri dèi, che offrirono alla regina dell'Olimpo una collana di ambra lunga nove metri, riuscì a convincere Era a desistere dal suo intento.

I miti riportano che Artemide fu la prima dei gemelli a nascere, e che abbia in seguito aiutato la madre nel parto di Apollo. Questi nacque in una notte di plenilunio, che fu da allora il giorno del mese a lui consacrato. Ancora altri dicono che Era avesse mandato un serpente sulla Terra per seguire Leto tutta la vita impedendo così a chiunque di ospitarla e darle un rifugio. Leto vagò per molto tempo ma Poseidone, impietosito dalla sua situazione, lasciò che si rifugiasse in mare (dato che letteralmente non era terra) visto che lui, essendo il fratello di Zeus, poteva permettersi di sfidare Era.

Poco più che bambino, Apollo si cimentò nell'impresa di uccidere il drago ctonio Pitone, reo di aver tentato di stuprare Leto mentre questa era incinta del dio. Apollo lo uccise presso la sua tana, situata nei pressi della fonte Castalia nei pressi di Delfi, città dove sarebbe poi sorto l'oracolo a lui dedicato. Per questo suo gesto, comunque, Apollo ricevette una punizione da Gea, madre del drago. Altre azioni che gli sono state attribuite dai miti durante la giovinezza, non furono così nobili: il dio sfidò il satiro Marsia (o, secondo altre fonti, venne da questi sfidato) in una gara musicale di flauto; in seguito alla vittoria, per punire l'ardire del satiro, che si era impudentemente vantato di essere più bravo di lui, lo fece legare a un albero e scorticare vivo. Un altro mito racconta invece come si vendicò terribilmente di Niobe, regina di Tebe, la quale, eccessivamente fiera dei suoi quattordici figli (sette maschi e sette femmine), aveva deriso Leto per averne avuti solo due. Per salvare l'onore della madre, Apollo, insieme con sua sorella Artemide, utilizzò il suo terribile arco per uccidere la donna e i suoi figli, risparmiandone solo due. Quando Zeus uccise Asclepio, figlio di Apollo, come punizione per aver osato resuscitare i morti con il suo talento medico, il dio per vendetta massacrò i ciclopi, che avevano forgiato i fulmini di Zeus. Stando alla tragedia di Euripide Alcesti, come punizione per questo suo gesto Apollo venne costretto dal padre degli dèi a servire l'umano Admeto, re di Fere, per nove anni. Apollo lavorò dunque presso il re come pastore, e venne da costui trattato in modo tanto gentile che, allo scadere dei nove anni, gli concesse un dono: fece sì che le sue mucche partorissero solo figli gemelli. In seguito, il dio aiutò Admeto a ottenere la mano di Alcesti, che per volere del padre sarebbe potuta andare in sposa solo a chi fosse riuscito a mettere il giogo a due bestie feroci: Apollo gli regalò dunque un carro trainato da un leone e un cinghiale. Un mito degli inni omerici racconta dell'incontro tra il giovane Ermes e Apollo. Il dio dei ladri, appena nato, sfuggì infatti alla custodia della madre Maia e iniziò a vagabondare per la Tessaglia, fino a imbattersi nel gregge di Admeto, custodito da Apollo. Ermes riuscì con uno stratagemma a rubare gli animali e, dopo essersi nascosto in una grotta, usò gli intestini di alcuni di essi per confezionarsi una lira. Quando Apollo, infuriato, riuscì a rintracciare Ermes e a pretendere, con l'appoggio di Zeus, la restituzione del bestiame, non poté fare a meno di innamorarsi dello strumento e del suo suono, e accettò infine di lasciare a Ermes il maltolto, in cambio della lira, che sarebbe diventata da allora uno dei suoi simboli.

Apollo e Daphne

Un giorno, Cupido, stanco delle continue derisioni di Apollo, che vantava il titolo di dio più bello, dio della poesia nonché arciere migliore di lui, colpì il dio con una delle sue frecce d'oro, facendolo cadere perdutamente innamorato della ninfa Daphne.
Allo stesso tempo però, colpì anche la ninfa, con una freccia di piombo arrugginita e spuntata, stregandola in modo che rifiutasse l'amore di Apollo e addirittura rabbrividisse per l'orrore alla sua vista. Perseguitata dal dio innamorato, la ninfa, piangendo e gridando, chiese aiuto al padre Penéo, dio dei fiumi, che la tramutò

77

in una pianta di lauro, o alloro. Apollo pianse abbracciando il tronco di Daphne che ormai era un albero. Per questo il lauro divenne la pianta prediletta da Apollo con la quale era solito far ornare i suoi templi e anche i suoi capelli.

Apollo e Giacinto

Uno dei miti più conosciuti riferiti al dio è quello della sua triste storia d'amore con il principe spartano Giacinto, mito narrato, fra gli altri, da Ovidio nelle sue Metamorfosi. I due si amavano profondamente, quando un giorno, mentre si stavano allenando nel lancio del disco, il giovane venne colpito alla testa dall'attrezzo lanciato da Apollo, spintogli contro da Zefiro, geloso dell'affetto tra i due. Ferito a morte, Giacinto non poté che accasciarsi tra le braccia del compagno che, impotente, lo trasformò nel rosso fiore che porta il suo nome, e con le sue lacrime tracciò sui suoi petali le lettere άί (ai), che in greco è un'esclamazione di dolore. Da ricordare che in questo mito viene svelata, nuovamente, la perfida personalità che talvolta riemerge dall'animo del Dio. Infatti, saputo che Tamiri, un altro pretendente alla compagnia di Giacinto (per inciso fu il primo uomo a innamorarsi di un individuo del suo stesso sesso) reputava di superare le muse nelle loro arti, il Dio, con estremo piacere andò dalle sue allieve per riferire tali parole. Le muse allora, privarono il povero Tamiri, reo di presunzione, della vista, della voce e della memoria.

Apollo e Cassandra

Per sedurre Cassandra, figlia del re di Troia Priamo, Apollo le promise il dono della profezia. Tuttavia, dopo aver accettato il patto, la donna si tirò indietro, rimangiandosi la parola data. Il dio allora, sputandole sulle labbra, le diede sì il dono di vedere il futuro, ma la condannò a non venir mai creduta per le sue previsioni.

Apollo e Marpessa

Apollo amò anche una donna chiamata Marpessa, che era contesa fra il dio e l'umano chiamato Ida. Per dirimere la contesa tra i due, intervenne Zeus, che decise di lasciare la donna libera di decidere; questa scelse Ida, perché consapevole del fatto che Apollo, essendo immortale, si sarebbe stancato di lei quando l'avesse vista invecchiare.

Apollo e Melissa

Secondo un altro mito, Apollo s'innamorò perdutamente della ninfa Melissa. Fu un amore profondo e incondizionato, e il dio lasciò spazio soltanto alla fedele e totale devozione per la fanciulla piuttosto che adempiere i suoi doveri da divinità del Sole. Il carro del Sole venne quindi sempre meno guidato e trasportato, e il mondo cadeva sempre più nelle tenebre. Allora, per un decreto di entità superiori, Apollo venne punito e la ninfa venne trasformata in un'ape regina. Fu così che la meschina ragione infranse il greve cuore del dio.

Figli di Apollo

Come tutti gli dèi greci, le leggende riportano come Apollo ebbe molti figli, da unioni con donne mortali e no.

* Da Cirene, ebbe un figlio di nome Aristeo.
* Da Ecuba, moglie di Priamo e regina di Troia, ebbe un figlio di nome Troilo, che venne ucciso da Achille.
* Il figlio più noto di Apollo è però certamente Asclepio, dio della medicina presso i greci.

Asclepio nacque dall'unione tra il dio e Coronide; quest'ultima però, mentre portava in grembo il bambino, si innamorò di Ischi e fuggì con lui. Quando un corvo andò a riferire l'accaduto ad Apollo, questi dapprima pensò a una menzogna, e fece diventare il corvo nero come la pece, da bianco che era. Scoperta poi la verità, il dio chiese a sua sorella Artemide di uccidere la donna.
Apollo salvò comunque il bambino, e lo affidò al centauro Chirone, perché lo istruisse alle arti mediche. Come ricompensa per la sua lealtà, il corvo divenne inoltre animale sacro del dio, e venne dotato da Apollo del potere di prevedere le morti imminenti.
In seguito Flegias, padre di Coronide, per vendicare la figlia diede fuoco al tempio di Apollo a Delfi, e venne per questo ucciso dal dio e scaraventato nel Tartaro.

Ares

Nelle religioni dell'antica Grecia Ares è il figlio di Zeus ed Era. Viene molto spesso identificato tra i dodici Olimpi come il dio della guerra in senso generale, ma si tratta di un'imprecisione: in realtà Ares è il dio solo degli aspetti più violenti della guerra e della lotta intesa come sete di sangue. Per i Greci Ares era un dio del quale diffidare sempre. Il suo luogo di nascita e la sua vera residenza si trovavano in Tracia, ai limiti estremi della Grecia, paese abitato da genti barbare e bellicose; e proprio in Tracia Ares decise di ritirarsi dopo che venne scoperto a letto con Afrodite.

Anche Atena è la dea della guerra ma il suo campo di azione è quello delle strategie di combattimento e dell'astuzia applicata alle battaglie, mentre Ares si diverte e si esalta per gli scoppi di furia e violenza, più graditi da Ares se improvvisi e subdoli, che in guerra si manifestano, delle atrocità connesse o no alla guerra (risse, barbarie, razzie), non a caso Eris è sua sorella, gregaria e anche, in alcuni testi, una delle sue amanti. Fra i suoi animali sacri c'erano il cane e l'avvoltoio. Pur essendo protagonista nelle vicende belliche, raramente Ares risultava vincitore. Era più frequente, invece, che si ritirasse vergognosamente dalla contesa, come quando combatté a fianco di Ettore contro Diomede, o nella mischia degli Dei sotto le mura di Troia: in entrambi i casi si rifugiò sull'Olimpo perché messo in seria difficoltà - direttamente o indirettamente - da Atena. Altre volte la sua furia brutale si trovò contrapposta e vanificata da eroi o semidei, per esempio dalla lucida astuzia e dalla forza di Eracle, come nell'episodio dello scontro dell'eroe con suo figlio Cicno. I Romani identificarono Ares con il dio Marte, che era un'antica divinità degli indoeuropei, la cui figura aveva però assunto in territorio italico caratteri diversi, essendo in origine una divinità "rurale" pacifica e benefica già all'epoca venerato di più rispetto ad Ares. Fu anche assunta dagli Etruschi col nome di Maris. Nonostante la sua figura sia importante per poeti e aedi, il culto di Ares non era molto diffuso nell'antica Grecia, tranne a Sparta dove veniva invocato perché concedesse il suo favore prima delle battaglie e, nonostante sia presente nelle leggende riguardanti la fondazione di Tebe, è uno degli dei sul conto del quale gli antichi miti meno si soffermano. A Sparta era presente una statua di Ares che lo raffigurava incatenato, a simboleggiare che lo spirito della guerra e della vittoria non avrebbero mai potuto lasciare la città; durante le cerimonie in suo onore venivano sacrificati cani, usanza mutata dall'antica pratica di sacrificare cuccioli alle divinità ctonie. Ares aveva una quadriga trainata da quattro cavalli immortali dal respiro infuocato, legati al carro con finimenti d'oro. Tra tutti gli dei si distingueva per la sua armatura bronzea e luccicante e in battaglia abitualmente brandiva una lancia. I suoi uccelli sacri erano il barbagianni, il picchio, il gufo reale e, specialmente nel sud della Grecia, l'avvoltoio. Secondo le Argonautiche, gli uccelli di Ares, muovendosi come uno stormo e lasciando cadere piume appuntite come dardi, difendevano il suo tempio costruito dalle Amazzoni su di un'isola vicina alla costa del Mar Nero. Spesso Ares viene rappresentato su pietra con il colore rosso, rosso come il sangue, simbolo degli atti feroci che si compiono in guerra. Suo fratello era Efesto e sue sorelle erano Ebe e Ilizia. Stando a Omero e Quinto Smirneo, Ares aveva una sorella gemella: Eris. Dalla sua relazione con Afrodite nacquero due figli, Deimos e Fobos, che personificavano gli spiriti del terrore e della paura. Sorella e degna compagna del sanguinario Ares era Enio, dea degli spargimenti di sangue, Bia, la violenza e Cratos, la forza bruta. Solitamente Ares scendeva in guerra accompagnato da Kydoimos (il demone del frastuono della battaglia), dai Makhai (spiriti della battaglia), dagli Hysminai (gli spiriti dell'omicidio), da Polemos (uno spirito della guerra minore) e dalla figlia di Polemos Alalà, personificazione del grido di guerra dei Greci e il cui nome Ares decise di usare come proprio grido di guerra. Suo fedele soldato fu anche Alettrione. Uno dei miti più importanti riguardo ad Ares è quello che tratta del suo coinvolgimento nella fondazione della città di Tebe in Beozia. L'eroe Cadmo aveva ricevuto dall'Oracolo di Delfi l'ordine di seguire una vacca e fondare una città nel luogo ove si fosse fermata. L'animale si fermò presso una fonte custodita da un drago acquatico sacro ad Ares. Cadmo uccise il mostro e, su consiglio di Atena, ne seminò al suolo i denti: da questi nacquero istantaneamente dei guerrieri, gli Sparti che aiutarono Cadmo a fondare quella che sarebbe appunto diventata Tebe. admo, prima di diventarne il re dovette però servire Ares per otto anni per espiare l'affronto fattogli uccidendo il drago, nonché sposare la figlia del dio e di Afrodite, Armonia per appianare la discordia tra loro sorta.

Artemide

Artemide è, nella religione dell'antica Grecia, la dea della caccia e di ciò che si pone al di fuori della città o del villaggio e anche dei campi coltivati; è anche la dea delle iniziazioni femminili. Fu una tra le più venerate divinità dell'Olimpo e la sua origine risale ai tempi più antichi. In epoca romana fu associata alla figura di Diana, mentre gli Etruschi la veneravano con il nome di Artume. Il cervo e il cipresso erano fra i suoi simboli sacri.

Artemide era adorata e celebrata allo stesso modo in quasi tutte le zone della Grecia, ma i più importanti luoghi di culto a lei dedicati si trovavano a Delo (sua isola natale), Braurone, Munichia (su una collina nei pressi del Pireo) e a Sparta.

Era la dea della caccia, della selvaggina, dei boschi, del tiro con l'arco, della verginità e anche una divinità lunare personificazione della "Luna crescente". Era, per sua espressa richiesta, vergine ma era adorata anche come dea del parto e della fertilità perché si diceva avesse aiutato la madre a partorire il fratello Apollo. A riprova di questo aspetto in Grecia era frequente il nome Artemidoro (dono di Artemide). Le fanciulle ateniesi di età compresa tra i cinque e dieci anni venivano mandate al santuario di Artemide a Braurone per servire la dea per un anno: durante questo periodo le ragazze erano conosciute come "arktoi" (orsette). Una leggenda spiega le ragioni di questo periodo di servitù narrando che un orso aveva preso l'abitudine di entrare nella cittadina di Braurone e la gente aveva cominciato a nutrirlo, in modo che in breve tempo l'animale era diventato docile e addomesticato. Una giovinetta prese a infastidire l'orso che, secondo una versione la uccise, secondo un'altra le strappò gli occhi. A ogni modo il fratello della ragazza uccise l'orso, Artemide andò per questo in collera e pretese che le ragazze prendessero il posto dell'orso nel suo santuario come riparazione per la morte dell'animale.

Nell'arte classica greca era abitualmente ritratta come vergine cacciatrice, con una gonna corta, gli stivali da caccia, la faretra con le frecce d'argento e un arco. Spesso è ritratta mentre sta scoccando una freccia e insieme a lei vi sono o un cane o un cervo. Il suo lato oscuro viene mostrato nelle decorazioni di alcuni vasi, dove è rappresentata come una dea portatrice di morte, sotto le cui frecce cadono giovani vergini e donne. Gli attributi caratteristici della dea variano spesso: l'arco e le frecce sono talvolta sostituiti da lance da caccia. Vi sono rappresentazioni di Artemide vista anche come dea delle danze delle fanciulle, e in questo caso tiene in mano una lira, oppure come dea della luce mentre stringe in mano due torce accese e fiammeggianti. Artemide è figlia di Zeus e Leto, figlia dei Titani Ceo e Febe, e sorella gemella di Apollo. Al momento dell'unione il Re degli Dei trasformò Leto e se stesso in quaglie. Era, Regina degli Dei e moglie di Zeus, ordinò a Pitone di perseguire la donna, che non avrebbe potuto partorire su nessuna terra dove avesse brillato il sole. Leto riuscì a partorire sull'isola vagante di Delo, che non era altro che sua sorella Asteria tramutata in isola in quanto aveva rifiutato l'amore di Zeus. La prima a nascere fu Artemide, che aiutò la madre a partorire il fratello Apollo. Il poeta Callimaco, nel suo Inno ad Artemide, ci racconta che la dea, a tre anni, sedutasi sulle ginocchia di Zeus, chiese al padre:

- di rimanere sempre vergine e di avere molti nomi, come suo fratello Apollo;
- di avere un arco ricurvo forgiato dai Ciclopi;
- di concederle sessanta Oceanine di nove anni come ancelle e venti ninfe figlie del fiume Amnìso perché si curino dei suoi calzari e dei suoi cani quando non caccia;
- di darle tutti i monti e quante città vorrà lui dedicarle, dal momento che la dea abiterà sui monti e raramente andrà in città.

Zeus accontentò la figlia e inoltre le donò tre città che avrebbero onorato soltanto lei e la nominò custode delle strade e dei porti.

Atteone

Un giorno Artemide stava facendo il bagno nuda in una valle sul monte Citerone quando arrivò il principe tebano Atteone, che stava andando a caccia. Si fermò a guardarla e ne fu talmente incantato che, senza accorgersene, calpestò un ramo e per il rumore Artemide si accorse di lui. Restò così disgustata dal suo sguardo fisso sul suo corpo nudo che decise di lanciargli addosso dell'acqua magica e trasformarlo in un cervo: in questo modo i suoi cani, scambiandolo per una preda, lo uccisero sbranandolo. Una versione alternativa della storia narra che Atteone si fosse vantato che la dea si fosse a lui mostrata nuda e per questo la dea lo trasformò in cervo, facendolo divorare per vendetta. Anche un cretese, Siproite, fu trasformato in cervo da Artemide per averla vista nuda. La storia completa non è sopravvissuta in alcuna opera scritta originale, ma è riportata di seconda mano da Antonino Liberale, il che suggerisce che l'aneddoto fosse abbastanza noto. Durante la decennale guerra di Ilio, Artemide si schierò dalla parte dei Troiani contro i Greci. Si azzuffò con Era quando i divini alleati delle due parti si scontrarono tra loro: Era la colpì sulle orecchie con la sua stessa faretra e le frecce caddero a terra mentre Artemide fuggì da Zeus piangendo. Pare che Artemide sia stata rappresentata come sostenitrice della causa troiana sia perché il fratello Apollo era il protettore della città sia perché essa stessa nell'antichità era molto venerata nelle zone dell'Anatolia occidentale.

Orione

Omero racconta che la ninfa Calipso, lamentando che gli dèi sono invidiosi quando una dea è innamorata di un mortale, narra dell'uccisione di Orione, compagno della dea dell'aurora Eos, da parte della dea Artemide. Apollodoro racconta invece che Orione fu ucciso dalla dea Artemide mandandogli contro uno scorpione perché il cacciatore aveva tentato di insidiare le Pleiadi.

Callisto

Una delle ninfe compagne di Artemide, Callisto, perse la verginità per mano di Zeus, che andò da lei trasformato in Artemide stessa: infuriata, la dea la trasformò in un'orsa. Il figlio di Callisto, Arcade, per poco non uccise la madre durante una battuta di caccia, ma fu fermato da Zeus che li pose entrambi nel cielo sotto forma di costellazioni, l'Orsa maggiore e l'Orsa Minore. Altre versioni riportano invece che Artemide uccise l'orsa con una freccia.

Ifigenia

Artemide volle punire Agamennone per aver ucciso un cervo sacro oppure, secondo un'altra versione, per essersi vantato di essere un cacciatore migliore di lei. Quando la flotta greca si stava preparando per salpare verso Troia per portare la guerra, Artemide fece sparire il vento. L'indovino Tiresia disse ad Agamennone che l'unico modo per placare la dea era sacrificare sua figlia Ifigenia. Quando il re era sul punto di farlo, Artemide la portò via dall'altare e la sostituì con un cervo. La fanciulla fu trasportata in Crimea e nominata sacerdotessa del tempio della dea a Tauride, nel quale gli stranieri le venivano offerti come sacrifici umani. In seguito suo fratello Oreste la riportò in Grecia dove, in Laconia, istituì il culto di Artemide Tauridea. Secondo le cronache spartane il legislatore Licurgo sostituì l'usanza del sacrificio umano con la flagellazione.

L'uccisione dei figli di Niobe

Niobe, regina di Tebe e moglie di Anfione, si vantò di essere migliore di Latona perché mentre lei aveva avuto quattordici figli, sette maschi e sette femmine, detti i Niobidi, Latona ne aveva avuti soltanto due. Quando Artemide e Apollo vennero a saperlo si affrettarono a vendicarsi: usando delle frecce avvelenate, Apollo le uccise i figli mentre stavano facendo ginnastica, badando che soffrissero molto prima di morire, mentre Artemide colpì le figlie, che si accasciarono all'istante senza un lamento. Anfione, vedendo i suoi figli morti, decise di togliersi a sua volta la vita. Niobe, distrutta, quando iniziò a piangere fu trasformata in pietra da Artemide. Secondo alcune versioni della leggenda fu scagliata in qualche luogo sperduto del deserto egiziano. Un'altra sostiene che le sue lacrime formarono il fiume Acheloo. Dato che Zeus aveva trasformato in statue tutti gli abitanti di Tebe, nessuno seppellì i Niobidi per nove giorni, quando furono gli dèi stessi a provvedere a calarli nella tomba.

Taigete

Taigete, una delle Pleiadi, era una delle compagne di caccia di Artemide. Quando si accorse che Zeus tentava con insistenza di insidiarla, la ninfa pregò Artemide di aiutarla e la dea la trasformò in una cerva. Zeus però la possedette ugualmente mentre si trovava in stato di incoscienza, e dall'unione nacque Lacedemone il mitico fondatore di Sparta.

Oto ed Efialte

Oto ed Efialte erano due fratelli giganti che un giorno decisero di assaltare il Monte Olimpo e riuscirono a rapire Ares e a tenerlo richiuso in un grosso vaso per tredici mesi. Artemide si trasformò in un cervo e si mise a correre tra di loro: i due giganti, per non farsela sfuggire dato che erano esperti cacciatori, le lanciarono contro le loro lance, ma finirono per uccidersi l'un l'altro.

Atalanta e il cinghiale calidonio

Artemide salvò la piccola Atalanta dalla morte per assideramento, dopo che suo padre l'aveva abbandonata, mandando da lei un'orsa che la allattò finché non venne raggiunta da alcuni cacciatori. Tra le sue avventure, Atalanta partecipò alla caccia al Cinghiale calidonio che Artemide aveva mandato per distruggere Calidone, dato che il re Eneo si era dimenticato di lei durante i sacrifici per celebrare il raccolto.

Agrio e Orico

La leggenda di Agrio e Orico narra che la dea Afrodite ordinò a una giovane fanciulla di innamorarsi, ma ella, per salvarsi, chiese aiuto alla dea Artemide. La dea la protesse, facendola diventare una Cacciatrice. Ma Afrodite si vendicò di Artemide: fece innamorare la fanciulla di un orso, con il quale ella ebbe dei rapporti sessuali.
La dea Artemide rimase disgustata del fatto che la ragazza avesse perso la verginità. La abbandonò, ed ella partorì i due gemelli, che hanno sembianze per metà umana e per metà di orso.

Atena

Nella mitologia greca, Pallade Atena, figlia di Zeus e della sua prima moglie Metide, era la dea della sapienza, della saggezza, della tessitura e in generale dell'artigianato e degli aspetti più nobili della guerra (come ad esempio una guerra difensiva o fatta per giusta causa), mentre gli aspetti più crudeli e violenti della guerra rientravano nel dominio di Ares. La sapienza rappresentata da Atena comprende le conoscenze tecniche usate nella tessitura, nell'arte di lavorare i metalli, ma anche nel campo agricolo, navale e in generale in tutti i vari tipi di artigianato. I suoi simboli sacri erano la civetta e l'ulivo. In tempo di pace gli uomini la veneravano poiché a lei erano dovute le invenzioni di tecnologie agricole, navali e tessili, mentre in tempo di guerra, fra coloro che la invocavano, aiutava solo chi combatteva con l'astuzia (Metis) propria di personaggi come Odisseo. L'astuzia e la furbizia erano delle doti che Atena poteva donare ai suoi protetti. In generale Atena era una divinità molto amata dal popolo. Atena ha spesso con sé la sua civetta, indossa una corazza, realizzata con la pelle della capra Amaltea, chiamata Egida (per alcuni storici l'Egida è in realtà uno scudo magico) donatale dal padre Zeus. Spesso Atena è accompagnata dalla dea della vittoria Nike. Quasi sempre viene rappresentata mentre porta un elmo e uno scudo cui è appesa la testa della Gorgone Medusa, dono votivo di Perseo, ma rappresentazioni antiche la ritraggono anche come una dea alata (simile nell'aspetto a Nike o a un Angelo). Atena è una dea guerriera e armata: nella mitologia greca appare come protettrice di eroi quali Eracle, Giasone e Odisseo. Non ebbe mai alcun marito o amante, e per questo era conosciuta come Athena Parthenos (la vergine Atena); da questo appellativo deriva il nome del più famoso tempio a lei dedicato, il Partenone sull'acropoli di Atene.

Dato il suo ruolo di sacra protettrice di questa città, è stata venerata in tutto il mondo greco anche come Athena Polis (Atena della città), e in generale era considerata come protettrice della Grecia.

Il suo rapporto con Atene era davvero speciale, come dimostra chiaramente la somiglianza tra il suo nome e quello della città.

Tra gli dei dell'Olimpo Atena viene ritratta come la figlia prediletta di Zeus, nata già adulta e armata, dalla testa del padre o dal polpaccio secondo altri, dopo che egli ne aveva mangiato la madre Metide. Varie sono le versioni riguardo alla sua nascita; infatti, una versione dice che Atena è solo figlia di Zeus. Quella più comune dice che Zeus si coricò con Metide, dea della prudenza e della saggezza, ma subito dopo ebbe paura delle conseguenze che ne sarebbero derivate: una profezia diceva che i figli di Metide sarebbero stati più potenti del padre, fosse stato anche lo stesso Zeus. Per impedire che questo si verificasse, subito dopo aver giaciuto con lei, Zeus indusse Metide a trasformarsi in una goccia d'acqua oppure, a secondo della tradizione, in una mosca o in una cicala e la inghiottì, ma era ormai troppo tardi: la dea aveva, infatti, già concepito un bambino. Metide cominciò immediatamente a realizzare un elmo e una veste per la figlia che portava in grembo, e i colpi di martello sferrati mentre costruiva l'elmo provocarono a Zeus un dolore terribile. Così Efesto o Prometeo aprì la testa di Zeus con un'ascia bipenne e Atena ne balzò fuori già adulta e armata e Zeus in questo modo uscì, malconcio ma vivo, dalla brutta disavventura. Alcuni frammenti attribuiti alla storia dal semi-leggendario Sanchuniathon, che si dice essere stata scritta prima della guerra di Troia, suggeriscono che Atena sia invece la figlia di Crono, il re dei Titani, padre di Zeus, dio del cielo, Poseidone, dio del mare, e di Ade, dio degli inferi, fatto a pezzi dalla sua stessa arma per mano dei figli e gettato nel Tartaro (la parte più profonda degli Inferi). Atena, la guerriera saggia e forte, rappresenta le qualità intellettuali, sia dell'uomo che della donna (infatti, la dea era la protettrice delle arti femminili). Nella città di Atene erano gli uomini a prendere ogni decisione (anche riguardo alla vita delle proprie mogli o figlie), tuttavia la dea Atena era considerata la custode del Tribunale, colei a cui spettava l'ultima parola, in caso di parità di voti. Tale prerogativa veniva fatta risalire al mitico giudizio di Oreste, accusato di matricidio.

Forse, il carattere della dea va collegato all'idealizzazione delle donne di Sparta di condizione sociale elevata: dovevano essere atletiche, combattive, forti e sagge. Il culto femminile di Atena è attestato dai numerosi ex voto ritrovati presso i templi; la dea viene anche invocata come protettrice delle nascite e dei bambini, in collegamento con il mito di Erittonio, suo figlio adottivo. Ad Atene, nella processione annuale delle feste Panatenaiche veniva donato alla statua della dea un prezioso peplo tessuto dalle fanciulle della città.

Erittonio

Secondo quanto racconta lo Pseudo-Apollodoro, Efesto tentò di fare l' amore con Atena ma non riuscì nell'intento. Il suo seme si sparse al suolo e dalla Terra nacque Erittonio. Atena decise comunque di allevare il bambino come madre adottiva. Una versione alternativa dice che il seme di Efesto cadde sulla gamba della dea, che se la pulì con uno straccetto di lana che gettò poi a terra: Erittonio sarebbe così nato dalla terra e dalla lana. Un'altra leggenda narra che Efesto avesse voluto sposare Atena ma che la dea scomparve all'improvviso dal talamo nuziale, cosicché lo sperma di Efesto finì per cadere a terra. Atena affidò poi il bambino, che aveva la parte inferiore del corpo a forma di serpente a tre sorelle - Herse, Pandroso e Aglauro figlie di Cecrope - chiuso dentro a una cesta, avvisandole di non aprirla mai. Agraulo, curiosa, aprì ugualmente la cesta, e la vista dell'aspetto mostruoso di Erittonio fece impazzire le tre sorelle che si uccisero lanciandosi giù dall'Acropoli. Una versione diversa di questa leggenda dice che, mentre Atena era andata a prendere una montagna per usarla per costruire l'Acropoli, due delle sorelle aprirono la cesta: un corvo vide la scena e volò a riferirlo alla dea che accorse infuriata lasciando cadere la montagna, che ora è il Monte Licabetto. Herse e Pandroso impazzirono per la paura e si uccisero lanciandosi da una scogliera, e neppure il corvo fu risparmiato dall'ira di Atena che, si narra, fece diventare da allora nere le piume di quest'animale. Erittonio diventò in seguito re di Atene, e introdusse molti cambiamenti positivi nella cultura ateniese. Durante il suo regno Atena fu frequentemente al suo fianco per proteggerlo.

Poseidone

Atena era in competizione con Poseidone per diventare la divinità protettrice della città che, all'epoca in cui si svolge questa leggenda, ancora non aveva un nome. Si accordarono in questo modo: ciascuno dei due avrebbe fatto un dono agli Ateniesi e questi avrebbero scelto quale fosse il migliore, decidendo così la disputa. Poseidone piantò al suolo il suo tridente e dal foro ne scaturì una sorgente. Questa avrebbe dato loro sia nuove opportunità nel commercio che una fonte d'acqua, ma l'acqua era salmastra e non molto buona da bere. Atena invece offrì il primo albero di ulivo adatto a essere coltivato. Gli Ateniesi scelsero l'ulivo e quindi Atena come patrona della città, perché l'ulivo avrebbe procurato loro legname, olio e cibo. Si pensa che questa leggenda sia sorta nel ricordo di contrasti sorti nel periodo Miceneo tra gli abitanti originari della città e dei nuovi immigrati. Alcuni credono che Atena avesse addirittura condiviso una relazione con Poseidone precedentemente alla contesa per la città. Una diversa versione della leggenda dice che Poseidone offrì in dono, anziché la sorgente, il primo cavallo, ma gli Ateniesi scelsero comunque il dono di Atena. Si può tra l'altro supporre che uno dei motivi per cui la scelta dei cittadini si orientò in questo senso, fu che Poseidone era considerato una divinità molto difficile da compiacere, che spesso aveva causato distruzioni anche nelle città delle quali era patrono. Atena rappresentava quindi un'alternativa migliore per il suo carattere meno violento.

Aracne

Una donna di nome Aracne un giorno si vantò di essere una tessitrice migliore di Atena, che di quest'arte era la dea stessa. Atena andò così da lei travestita come una vecchia e consigliò Aracne di pentirsi della sua arroganza (hybris), ma la donna invece la sfidò a una gara. Atena allora riassunse le sue vere sembianze e accettò la sfida. La dea realizzò un arazzo che rappresentava lo scontro tra Poseidone e la città di Atene, mentre Aracne ne fece uno in cui si derideva Zeus e le sue numerose amanti. Atena, vista la sua effettiva grande abilità e a causa del soggetto che aveva scelto (dopotutto era la figlia prediletta di Zeus), andò su tutte le furie. Distrusse il lavoro di Aracne e la trasformò in un ragno obbligandola a tessere la sua tela per l'eternità. Un'altra versione è quella in cui Atena furiosa distrugge la tela di Aracne e lei scappa nel bosco impiccandosi. La dea si pentì e la trasformo in un ragno per farla continuare a tessere le sue bellissime tele.

Il Giudizio di Paride

Eris, dea della discordia, gettò una mela d'oro nell'Olimpo con incisa sopra la scritta "Alla più bella". Per evitare contese fra le dee, Zeus mandò Ermes con Atena, Afrodite ed Hera sulla terra dove il giovane pastore Paride dovette fare da giudice su chi fosse la dea più bella tra loro.

Ogni dea promise un dono a Paride in caso di vittoria: Hera di renderlo ricco e potente, Atena di farlo il più saggio degli uomini (o, secondo una versione diversa, di renderlo invincibile in guerra) e Afrodite di dargli in sposa la donna più bella del mondo. Paride scelse Afrodite, causando la guerra di Troia.

Perseo e Medusa

Atena aiutò Perseo a uccidere Medusa, e le fu così data, per decorare il suo scudo o la sua egida come un orribile trofeo, la testa della Gorgone, capace di pietrificare chi l'avesse guardata. Era stata tuttavia Atena stessa a rendere Medusa ciò che era. Originariamente Medusa era soltanto la più bella delle tre sorelle Gorgoni, ma Medusa fece l'amore con Poseidone all'interno del tempio di Atena. Quando scoprì che il suo tempio era stato così profanato, Atena per punirla ne mutò l'aspetto rendendola mostruosa come le sue sorelle Steno ed Euriale: i loro capelli si trasformarono in serpenti e qualsiasi creatura vivente ne avesse incrociato lo sguardo sarebbe stata mutata in pietra. Atena trasformò anche la parte inferiore del loro corpo in modo tale da renderle impossibilitate ad avere rapporti sessuali con un uomo.

Odisseo

L'indole astuta e scaltra di Odisseo lo aiutò a conquistare rapidamente la benevolenza e la protezione di Atena, che però non fu in grado di aiutarlo nel viaggio di ritorno verso Itaca fino a quando giunse sulla costa dell'isola dove Nausicaa stava lavando i suoi panni. Atena entrò nei sogni di Nausicaa per spingerla a soccorrere Odisseo e a rimandarlo quindi a Itaca. Dopo il suo arrivo sull'isola Atena va da Odisseo sotto mentite spoglie e gli dice, mentendo, che sua moglie Penelope si era risposata e che si crede che Odisseo sia morto, ma Odisseo le mente a sua volta, dato che è riuscito a capire con chi ha a che fare nonostante il travestimento. Compiaciuta dalla sua risolutezza e sagacia, Atena rivela la propria natura a Odisseo e gli spiega tutto quello che ha bisogno di sapere per riconquistare il suo regno. Muta le sembianze dell'eroe in quelle di un vecchio in modo che non venga riconosciuto dai Proci e lo aiuta a sconfiggerli, intervenendo a risolvere anche la disputa finale con i loro parenti.

Demetra

Demetra, sorella di Zeus, nella mitologia greca è la dea del grano e dell'agricoltura, costante nutrice della gioventù e della terra verde, artefice del ciclo delle stagioni, della vita e della morte, protettrice del matrimonio e delle leggi sacre.

Negli Inni omerici viene invocata come la "portatrice di stagioni", un tenue indizio di come ella fosse adorata già da molto tempo prima che si affermasse il culto degli Olimpi, dato che l'inno omerico a Demetra è stato datato a circa il VII secolo a.c. Le figure di Demetra e di sua figlia Persefone erano centrali nelle celebrazioni dei Misteri eleusini, anch'essi riti di epoca arcaica e antecedente al culto dei dodici dei dell'Olimpo. La figura equivalente a Demetra nella mitologia romana era Cerere. Secondo il retore ateniese Isocrate, i più grandi doni di Demetra all'umanità furono i cereali (il cui nome deriva dal nome latino di Demetra, "Cerere"), che hanno reso l'uomo diverso dagli animali selvatici e i Misteri, che gli hanno consentito di coltivare speranze più elevate per la vita terrena e per ciò che dopo la vita verrà. Il più importante mito legato a Demetra, che costituisce anche il cuore dei riti dei Misteri Eleusini, è la sua relazione con Persefone, sua figlia nonché incarnazione della dea stessa da giovane. Nel pantheon classico greco, Persefone ricoprì il ruolo di moglie di Ade, il dio degli inferi. Diventò la dea del mondo sotterraneo quando, mentre stava giocando sulle sponde del Lago di Pergusa, in Sicilia, con alcune ninfe (secondo un'altra versione con Leucippe) che poi Demetra punì per non essersi opposte a ciò che accadeva trasformandole in sirene, Ade la rapì dalla terra e la portò con sé nel suo regno. La vita sulla terra si fermò e la disperata dea della terra Demetra cominciò ad andare in cerca della figlia perduta, riposandosi soltanto quando si sedette brevemente sulla pietra Agelasta. Alla fine Zeus, non potendo più permettere che la terra stesse morendo, costrinse Ade a lasciar tornare Persefone e mandò Hermes a riprenderla. Prima di lasciarla andare, Ade la spinse con un trucco a mangiare sei semi di melagrana magici, che l'avrebbero da allora costretta a tornare nel mondo sotterraneo per sei mesi all'anno.

Da quando Demetra e Persefone furono di nuovo insieme, la terra rifiorì e le piante crebbero rigogliose ma per sei mesi all'anno, quando Persefone è costretta a tornare nel mondo delle ombre, la terra ridiventa spoglia e infeconda.

Questi sei mesi sono chiaramente quelli invernali, durante i quali in Grecia la maggior parte della vegetazione ingiallisce e muore. Vi sono comunque altre versioni della leggenda. Secondo una di queste è Ecate a salvare Persefone. Una delle più diffuse dice che Persefone non fu indotta a mangiare i sei semi con l'inganno, ma lo fece volontariamente perché si era affezionata ad Ade. Mentre stava cercando la figlia Persefone, Demetra assunse le sembianze di una vecchia di nome Doso e con quest'aspetto fu accolta con grande senso dell'ospitalità da Celeo, re di Eleusi nell'Attica. Questi le chiese di badare ai suoi due figli, Demofoonte e Trittolemo, che aveva avuto da Metanira. Per ringraziare Celeo della sua ospitalità, Demetra decise di fargli il dono di trasformare Demofoonte in un dio. Il rituale prevedeva che il bimbo fosse ricoperto e unto con l'ambrosia, che la dea stringendolo tra le braccia soffiasse dolcemente su di lui e lo rendesse immortale bruciando nottetempo il suo spirito mortale sul focolare di casa. Demetra una notte, senza dire nulla ai suoi genitori, lo mise quindi sul fuoco come fosse un tronco di legno ma non poté completare il rito perché Metanira, entrata nella stanza e visto il figlio sul fuoco, si mise a urlare di paura e la dea, irritata, dovette rivelarsi lamentandosi di come gli sciocchi mortali non capiscano i rituali degli dei. Invece di rendere Demofoonte immortale, Demetra decise allora di insegnare a Trittolemo l'arte dell'agricoltura, così il resto della Grecia imparò da lui a piantare e mietere i raccolti. Sotto la protezione di Demetra e Persefone volò per tutta la regione su di un carro alato per compiere la sua missione di insegnare ciò che aveva appreso a tutta la Grecia. Tempo dopo Trittolemo insegnò l'agricoltura anche a Linco, re della Scizia, ma costui rifiutò di insegnarla a sua volta ai suoi sudditi e tentò di uccidere Trittolemo: Demetra per punirlo lo trasformò allora in una lince. Amata in quanto apportatrice di messi, Demetra era anche ovviamente temuta, in quanto capace, all'inverso, di provocare carestie, come ricorda il mito di Erisittone che, avendola offesa tagliando degli alberi da un frutteto sacro, ne venne punito con una fame insaziabile. Demetra viene solitamente raffigurata mentre si trova su un carro, e spesso associata ai prodotti della terra, come fiori, frutta e spighe di grano. A volte viene ritratta insieme a Persefone. Raramente è stata ritratta con un consorte o un compagno: l'eccezione è rappresentata da Giasione. Nella mitologia greca, Iasione o Giasione era generalmente considerato uno dei figli della pleiade Elettra e Zeus, fratello di Dardano, fondatore di Troia. Iasione fondò invece i riti misterici dell'isola di Samotracia. Si accoppiò con Demetra in un campo arato tre volte, e quindi fu padre di due gemelli Pluto (dio della ricchezza) e Polimelo (inventore dell'aratro), e di un altro figlio chiamato Coribante. Per il suo rapporto con la dea dei campi Iasione fu ucciso da Zeus con una folgore.

Efesto

Efesto nella mitologia greca è il dio del fuoco, della tecnologia, dell'ingegneria, della scultura e della metallurgia. Era adorato in tutte le città della Grecia in cui si trovassero attività artigianali, ma specialmente ad Atene. Nell'Iliade, Omero racconta di come Efesto fosse brutto e di cattivo carattere, ma con una grande forza nei muscoli delle braccia e delle spalle, per cui tutto ciò che faceva era di un'impareggiabile perfezione. Nonostante la tradizione antica indicasse che la sua fucina si trovasse sull'isola di Lemnos, i coloni greci che erano andati a popolare la Sicilia presero ben presto a identificare Efesto con il dio Adranòs, che i miti della zona collocavano sull'Etna, venerato nella città di Adranòn, l'odierna Adrano, e con Vulcano, collegato alle Isole Lipari: queste suggestioni fecero sì che la sua fucina nei versi di aedi e poeti venisse spostata in questi luoghi. Eliano parla del culto di Efesto nella città di Etna (Inessa), specificando che il tempio ospitava il fuoco inestinguibile e sempre acceso ed era custodito da cani sacri capaci di individuare la bontà o la cattiveria del fedele.
I suoi simboli sono il martello da fabbro, l'incudine e le tenaglie. In qualche rappresentazione è ritratto con una scure accanto.
Nella mitologia romana vi era una figura divina simile a Efesto ed era il dio Vulcano la cui festività cadeva il 23 agosto.
Efesto e suo fratello Ares erano figli di Era concepiti, a seconda delle varie versioni della leggenda, con o senza la partecipazione di Zeus. Secondo i miti classici e le versioni più tarde Era lo mise al mondo da sola, gelosa di Zeus, poiché il marito la tradiva, non solo con altre dee, ma anche con Ninfe e donne mortali. La dea pensò di tradire anch'essa il marito, ma non le era possibile, poiché era la dea del matrimonio. Chiese così aiuto a Teti, che le diede un'alga, e con essa lei avrebbe potuto generare un figlio, senza bisogno di una penetrazione. Ella mangiò l'alga donatagli da Teti, e nove mesi dopo generò il figlio Efesto, suscitando così le invidie di Zeus.
Entrambi però rimasero disgustati dalla sua bruttezza, per cui lo scagliarono giù dall'Olimpo. Altre versioni invece dicono che solo Era ripudiò il figlio, gettandolo giù dall'Olimpo, con grande dispiacere di Zeus. Ma Era, in termini di storia umana, è una divinità precedente a Zeus, quindi la storia narrata in questo mito potrebbe essere stata invertita; tra l'altro alcune versioni della leggenda della nascita di Atena narrano che la dea nacque dopo che

Efesto aprì il cranio di Zeus con una martellata, quindi Efesto sarebbe stato già al mondo prima di Atena. In ogni caso, secondo i greci, il destino delle dea della saggezza e della guerra e quello del dio delle fucine che costruiva le armi erano strettamente legati.

Nell'Attica, Efesto e Athena Ergane (ovvero la dea Atena vista sotto l'aspetto di protettrice di artisti e artigiani) erano onorati insieme in una celebrazione chiamata Calceia che si teneva il tredicesimo giorno del mese di Pianepsione.

Ad Atene il Tempio di Efesto si trova nei pressi dell'agorà. Una delle leggende riguardanti il mito della fondazione di Atene dice che Atena rifiutò di congiungersi carnalmente con Efesto e, quando egli tentò di prenderla con la forza, si smaterializzò all'improvviso dal letto. Efesto finì così per eiaculare per terra rendendo gravida Gaia che diede in seguito alla luce Erittonio: Gaia diede il bambino ad Atena perché lo allevasse mentre un serpente vegliava su di lui.

Gaio Giulio Igino interpretò l'etimologia del nome del bambino unendo la radice della lotta Eri- (quella tra Atena ed Efesto) e Chtonios ovvero figlio della terra. Efesto era piuttosto brutto ed era zoppo e deforme dalla nascita (sebbene alcune leggende dicono che questo fosse il risultato della sua caduta dall'Olimpo) e riusciva a camminare solo grazie all'aiuto di un bastone. Nell'Iliade Efesto stesso racconta come continuò a cadere per molti giorni e molte notti per poi finire nell'oceano, dove venne allevato dalle Oceanine o Nereidi, in particolare da Teti (la madre di Achille) ed Eurinome.

Efesto si prese la sua vendetta su Era costruendo e donandole un magico trono d'oro che, non appena ella vi si sedette, la tenne imprigionata, non permettendole più di alzarsi.

Gli altri dei pregarono Efesto di tornare sull'Olimpo e liberarla, ma egli si rifiutò più volte di farlo. Allora Dioniso fece in modo di ubriacarlo e lo riportò indietro legato sul dorso di un mulo. Efesto acconsentì a liberare Era, ma solo dopo che gli venne concessa in moglie la dea dell'amore Afrodite. Un'altra versione del mito narra invece che Zeus concesse Afrodite in sposa a Efesto perché, dato che era dotato tra tutti del carattere più fermo e costante, in questo modo si sarebbe prevenuta l'ovvia disputa per la sua mano tra gli altri dei. In ogni caso quello tra Efesto e Afrodite fu un matrimonio combinato e Afrodite, alla quale l'idea di essere sposata con il bruttissimo Efesto non piaceva affatto, intraprese una relazione segreta con Ares, il dio della guerra.

Alla fine Efesto venne a sapere del tradimento della moglie da Helios, il dio del sole che tutto vede, e organizzò una trappola per sorprenderli in uno dei loro incontri. Mentre Afrodite e Ares stavano insieme a letto, Efesto li bloccò con una catena e per punizione li trascinò così sull'Olimpo per svergognarli davanti agli altri dei. Gli dei però alla vista dei due amanti nudi e legati scoppiarono a ridere e Poseidone convinse Efesto a liberarli garantendogli che in cambio Ares avrebbe pagato la multa che toccava agli adulteri. La coppia potrebbe aver finito per divorziare, come suggerisce il fatto che in Omero Efesto dice che avrebbe riportato Afrodite a suo padre e avrebbe chiesto la restituzione della dote nuziale. A Efesto sono attribuite anche altre tre mogli.

- Nell'Iliade, gli viene attribuita come moglie Carite, la Grazia per eccellenza, ma tale tradizione non trova riscontro in altri miti.
- Sull'isola di Lemno la Nereide Cabiro, dalla quale ebbe due figli chiamati i Cabiri.
- In Sicilia la Ninfa Etna e i suoi due figli, divinità dei geyser siciliani (lago di naftia presso Palagonia), presero il nome di Palici.

Una spiegazione alternativa dell'origine dell'invalidità di Efesto si trova nell'Iliade, dove si racconta che Zeus scagliò Efesto giù dall'Olimpo perché aveva liberato sua madre Hera, che dopo un litigio il re degli dei con una catena d'oro aveva appeso tra il cielo e la terra. Efesto precipitò per un giorno intero cadendo infine sull'isola di Lemno dove divenne un grande artista e artigiano: fu quindi ammesso nuovamente tra gli Olimpi quando gli dei vennero a sapere della sua straordinaria abilità. Le opere d'arte che lo ritraggono lo presentano spesso mentre fatica a reggersi e si appoggia sulla sua incudine, mentre in alcuni dipinti trovati su antichi vasi è rappresentato con i piedi rovesciati all'indietro.
Efesto realizzò la maggior parte dei magnifici oggetti di cui si servivano gli dei, nonché quasi tutte le splendide armi dotate di poteri magici che nei miti greci compaiono in mano agli eroi.

Tra le sue realizzazioni ci sono:
- La sua intera fucina
- I suoi automi (robot) di metallo, suoi aiutanti
- Il suo bastone a forma di martello dal manico allungato
- I magnifici gioielli di Teti ed Eurinome
- Il trono dorato in cui restò imprigionata Era

- Gli edifici (le abitazioni) di tutti gli olimpi (costruiti sull'Olimpo)
- L'arco e le frecce d'oro di Apollo e l'arco e le frecce d'argento della sua gemella Artemide
- Le opere artistiche a Lemno
- La catena o rete, con cui immobilizzò Ares e Afrodite a letto
- L'elmo e i sandali alati di Ermes
- Lo scettro e l'Egida, il fenomenale scudo di Zeus
- La cintura di Afrodite
- Il bastone di Agamennone
- L'armatura, le armi e lo scudo di Achille
- I battacchi di bronzo di Eracle
- Il carro di Helios
- La corazza e l'elmo di Enea
- La spalla di Pelope
- L'arco e le frecce di Eros
- L'intera armatura di Memnone
- Pandora, la prima donna, e il suo vaso
- Talo, il gigante di bronzo guardiano di Creta
- La delimitazione in due parti del suo martello, per volere di Zeus, per non fare avere ad Ares la stessa potenza delle sue armi

I suoi assistenti all'interno della fucina erano i Ciclopi, inoltre costruì degli automi di metallo che anch'essi lo aiutavano nel lavoro.

Concesse il suo apprendista Cedalione all'accecato Orione come guida. In una delle tante versioni del mito Prometeo rubò il fuoco che diede poi agli uomini proprio dalla fucina di Efesto.

Era o Hera

Nella mitologia e religione greca, Era o Hera era una delle divinità più importanti, patrona del matrimonio e del parto. Figlia di Crono e Rea, sorella e moglie di Zeus, era considerata la sovrana dell'Olimpo. Appena nata, fu brutalmente ingoiata dal padre, che intendeva ucciderla. Come tutti i suoi fratelli fu restituita alla vita grazie a uno stratagemma ideato da Meti e attuato da Zeus. Fu allevata nella casa di Oceano e Teti, e poi nel giardino delle Esperidi (o, secondo altre fonti, sulla cima del monte Ida) sposò Zeus. Zeus amava segretamente Era già dal tempo in cui Crono regnava sui Titani, ma, come spesso accade ai giovani, non sapeva come fare a dichiararle il suo amore. Particolare è il modo in cui fu sedotta da Zeus. Egli, per conquistarla, scatenò un tremendo temporale e, trasformatosi in cuculo, si lasciò bagnare per bene. Quando dopo la pioggia la Dea decise di fare una passeggiata vide il povero uccellino e, commossa, lo prese in mano per riscaldarlo. Come lo fece, Zeus assunse le sue vere sembianze e la sedusse. Era la dea del matrimonio e delle fedeltà coniugale. La sua continua lotta contro i tradimenti del consorte diede origine al tema ricorrente della "Gelosia di Era" che rappresenta lo spunto per quasi tutte le leggende e gli aneddoti relativi al suo culto. La figura a lei corrispondente nella mitologia romana fu Giunone. I suoi simboli sacri erano la vacca e il pavone. Era veniva ritratta come una figura maestosa e solenne, spesso seduta sul trono mentre porta come corona il "polos", il tipico copricapo di forma cilindrica indossato dalle dee madri più importanti di numerose culture antiche. In mano stringeva una melagrana, simbolo di fertilità e di morte usato anche per evocare, grazie alla somiglianza della sua forma, il papavero da oppio. Omero la definiva la Dea dagli occhi "bovini" per l'intensità del suo regale sguardo. Era, molto gelosa dei tradimenti del marito, odiava soprattutto Eracle, suo figliastro in quanto Eracle era il preferito di Zeus. La natura umana dell'eroe portò Era a odiare tutto il genere umano: conosciuta come la più vendicativa degli dèi, spesso usava gli uomini come autori del suo volere distruttivo. Era sceglieva i suoi guerrieri spedendo loro delle piume di pavone, animale a lei sacro. I templi di Era, costruiti in due dei luoghi in cui il suo culto fu particolarmente sentito, l'isola di Samo e l'Argolide, risalgono all'VIII secolo a.C. e furono i

primissimi esempi di tempio greco monumentale della storia (si tratta rispettivamente dell'Heraion di Samo e dell'Heraion di Argo).
Si dice che Era, durante la guerra di Troia, fosse schierata dalla parte dei greci, a causa del suo odio per Paride e per Afrodite. Era è la patrona del matrimonio propriamente detto e rappresenta l'archetipo simbolico dell'unione di uomo e donna nel talamo nuziale, tuttavia non è certo famosa per le sue qualità di madre.
I figli legittimi nati dalla sua unione con Zeus sono:

* Ares
* Ebe (la dea della giovinezza)
* Eris (la dea della discordia)
* Efesto (dio del fuoco e dei metalli)
* Ilizia (protettrice delle nascite).
* Alcuni autori ancora aggiungono a questa lista i Cureti e anche le tre Cariti.

Era, resa gelosa dal fatto che Zeus era diventato padre di Atena senza di lei (infatti l'aveva avuta da Metide), per ripicca decise di mettere al mondo Efesto senza la collaborazione del marito. Entrambi però rimasero disgustati al vedere la bruttezza di Efesto e lo scagliarono giù dall'Olimpo. Una leggenda alternativa dice che Era mise al mondo da sola tutti i figli che tradizionalmente sono attribuiti a lei e Zeus, e che lo fece semplicemente battendo il suolo con la mano, un gesto di grande solennità nella cultura greca antica.
Era era la matrigna dell'eroe Eracle, nonché la sua principale nemica. Quando Alcmena era incinta di Eracle, Era tentò di impedirne la nascita facendo annodare le gambe della puerpera. Fu salvata dalla sua serva Galantide che disse alla dea che il parto era già avvenuto, facendola desistere. Scoperto l'inganno, Era trasformò Galantide in una donnola per punizione. Quando Eracle era ancora un bambino, Era mandò due serpenti a ucciderlo mentre dormiva nella sua culla. Eracle però strangolò i due serpenti afferrandoli uno per mano, e la sua nutrice lo trovò che si divertiva con i loro corpi come fossero giocattoli. Una descrizione dell'origine della Via Lattea dice che Zeus aveva indotto con l'inganno Era ad allattare Eracle: quando si era accorta di chi fosse, l'aveva strappato via dal petto all'improvviso e uno schizzo del suo latte aveva formato la macchia nel cielo che ancor oggi possiamo vedere. Un'altra versione afferma che fu Ermes ad avvicinare Eracle al seno di Era, che era addormentata, per fargli bere il latte

benedetto. A causa di un morso di Eracle, però, la dea si sveglio e, per togliere il seno di bocca a Eracle, cadde una goccia del suo latte formando la Via Lattea. Era fece in modo che Eracle fosse costretto a compiere le sue famose imprese per conto del re Euristeo di Micene e, non contenta, tentò anche di renderle tutte più difficili. Quando l'eroe stava combattendo contro l'Idra di Lerna lo fece mordere a un piede da un granchio, sperando di distrarlo. Per causargli ulteriori problemi, dopo che aveva rubato la mandria di Gerione, Era mandò dei tafani per irritare e spaventare le bestie, quindi fece gonfiare le acque di un fiume in modo tale che Eracle non potesse più guadarle con la mandria, costringendolo a gettare nel fiume enormi pietre per renderlo attraversabile. Quando finalmente riuscì a raggiungere la corte di Euristeo, la mandria fu sacrificata in onore di Era. Euristeo avrebbe voluto sacrificare alla dea anche il Toro di Creta, ma Era rifiutò perché la gloria di un simile sacrificio sarebbe andata di riflesso anche ad Eracle che l'aveva catturato. Il toro fu così lasciato andare nella piana di Maratona diventando famoso come il Toro di Maratona.

Alcune leggende dicono che Era alla fine si riconciliò con Eracle, dato che l'aveva salvata dal gigante Porfirione che tentava di stuprarla durante la Gigantomachia, e la dea, per farsi perdonare dei tormenti dati all'eroe, gli concesse anche come moglie sua figlia Ebe.

Eco - Una volta, Zeus convinse una ninfa di nome Eco a distrarre Era dai suoi amori furtivi. Quando Era scoprì l'inganno condannò la ninfa a non aver più una voce propria e a poter, da allora in poi, soltanto ripetere le parole altrui. Un giorno, Eco incontrò Narciso, il suo vero amore che, sentendosi ripetere le ultime parole che diceva si offese e la lasciò lì a morire per amore.

Latona - Quando Era venne a sapere che Latona era incinta di due gemelli e che il padre era Zeus, con un incantesimo impedì a Latona di partorire facendo sì che ogni terra ove si recasse risultasse ostile nei suoi confronti. Latona trovò l'isola galleggiante di Delo, che non era né terraferma né una vera e propria isola ed era troppo inospitale per poterla peggiorare. Su questa partorì mentre veniva circondata da cigni. In segno di gratitudine Zeus fissò Delo, che da allora fu sacra ad Apollo, con quattro pilastri. Vi sono anche altre versioni della storia. In una di queste Era rapì la figlia Ilizia, la dea della nascita, per impedire a Latona di cominciare il travaglio, ma gli altri dèi la costrinsero a lasciarla andare. Alcune leggende dicono che Artemide, nata per prima, aiutò la madre a partorire Apollo, mentre un'altra sostiene che Artemide, nata il giorno precedente sull'isola Ortigia, aiutò la madre ad attraversare il mare fino a giungere a Delo per mettere al mondo il fratello.

Callisto e Arcade - Callisto, una ninfa che faceva parte del seguito di Artemide, fece voto di restare vergine, ma Zeus si innamorò di lei e assunse l'aspetto di Apollo (secondo altre versioni di Artemide stessa) per adescarla e sedurla. Era allora, per vendicarsi del tradimento, diede a Callisto le sembianze di un'orsa. Tempo dopo Arcade, il figlio che Callisto aveva generato con Zeus, quasi uccise per errore la madre durante una battuta di caccia e Zeus, per proteggerli da ulteriori rischi, li mise in cielo trasformandoli nelle due costellazioni dell'orsa minore e dell'orsa maggiore. La caratteristica di queste due costellazioni è che non tramontano mai.

Semele e Dioniso - Dioniso era figlio di Zeus e di una mortale. Era, gelosa, tentò di uccidere il bambino mandando dei Titani a fare a pezzi Dioniso dopo averlo attirato con dei giocattoli. Nonostante Zeus fosse riuscito infine a scacciare i Titani con i suoi fulmini, erano riusciti a divorarlo quasi tutto e ne era rimasto solo il cuore salvato, a seconda delle versioni della leggenda, da Atena, Rea, o Demetra. Zeus si servì del cuore per ricreare Dioniso, ponendolo nel grembo di Semele (per questo Dioniso diventò conosciuto come "il due volte nato"). Le versioni della leggenda sono comunque molte e varie.

Io - Un giorno Era stava per sorprendere Zeus con una delle sue amanti, chiamata Io, ma Zeus riuscì a evitarlo all'ultimo, trasformando Io in una giovenca bianca. Era, tuttavia, ancora insospettita, chiese a Zeus di darle la giovenca in dono.
Una volta ottenutala, Era la affidò alla custodia del gigante Argo, perché la tenesse lontana da Zeus. Il re degli dèi allora ordinò a Ermes di uccidere Argo, cosa che il dio fece addormentando il gigante dai cento occhi grazie al suono del suo flauto e poi tagliandogli la testa. Era prese gli occhi del gigante e, per onorarlo, li pose sulle piume della coda del pavone, il suo animale sacro. Quindi mandò un tafano a tormentare Io, che cominciò a fuggire

per tutto il mondo conosciuto, fino a giungere in Egitto dove fu venerata dagli Egizi come una dea dal nome di ISIDE.

Lamia - Lamia era una regina della Libia della quale Zeus si era innamorato. Era per vendicarsi trasformò la donna in un mostro e uccise i figli che aveva avuto da Zeus. Una diversa versione della leggenda dice che Era le uccise i figli e Lamia si trasformò in un mostro per il dolore. Lamia venne anche colpita da Era con la maledizione di non poter mai chiudere gli occhi, in modo che fosse per sempre condannata a vedere ossessivamente l'immagine dei suoi figli morti. Zeus, per consentirle di riposare, le concesse il potere di cavarsi temporaneamente gli occhi e poi rimetterli al loro posto.

Ermes o Hermes

Figlio di Zeus e della Pleiade Maia, svolge il ruolo di messaggero degli dèi. I suoi simboli erano il gallo e la tartaruga ma era chiaramente riconoscibile anche per il suo borsellino, i suoi sandali e cappello alati e il bastone da messaggero, il kerykeion. Nella mitologia romana il corrispondente di Hermes fu Mercurio che, sebbene fosse un dio di derivazione etrusca, possedeva molte caratteristiche simili a lui, come essere il dio dei commerci. Templi dedicati a Hermes erano diffusi in tutta la Grecia, ma il centro più importante dove veniva praticato il suo culto era Feneo in Arcadia dove si tenevano le celebrazioni in suo onore chiamate "Hermoea". Il dio Ermes rivestiva il ruolo di psicopompo, cioè accompagnatore dello spirito dei morti, che aiuta a trovare la via per il mondo sotterraneo dell'aldilà, e uno dei pochi che può frequentare gli inferi. Nell'Inno omerico a Demetra, Ermes riporta Persefone sana e salva da sua madre Demetra. Ermes accompagna nell'oltretomba le anime dei pretendenti di Penelope uccisi da Odisseo e anche lo spettro di Dario I di Persia nella tragedia I Persiani.

Per gli antichi Greci, infatti, in Ermes si incarnava lo spirito del passaggio e dell'attraversamento: ritenevano che il dio si manifestasse in qualsiasi tipo di scambio, trasferimento, violazione, superamento, mutamento, transito, tutti concetti che rimandano in qualche modo a un passaggio da un luogo, o da uno stato, all'altro. Questo spiega il suo essere messo in relazione con i cambiamenti della sorte dell'uomo, con lo scambio di beni, con i colloqui e lo scambio di informazioni consueti nel commercio nonché, ovviamente con il passaggio dalla vita a ciò che viene dopo di essa. Hermes funge anche da interprete, svolgendo il ruolo di messaggero da parte degli dei presso gli uomini, un compito che divide con Iris. Da Hermes deriva la parola ermeneutica, ovvero l'arte di interpretare i significati nascosti. In greco un uomo fortunato veniva chiamato "hermaion". La figura di Ermes come inventore del fuoco può essere accostata a quella di Prometeo. Si credeva che Hermes, oltre alla siringa e alla lira, avesse inventato anche molti tipi di competizioni sportive e la pratica del pugilato: per questo era considerato il protettore degli atleti. Vari esperti di mitologia contemporanei hanno nei loro scritti messo Hermes in relazione con divinità imbroglione e ingannatrici presenti in altre culture. Il dio Ermes nasce in una grotta del monte Cillene, dove la madre Maia, figlia del Titano Atlante si univa con il Re degli Dei Zeus all'insaputa della dea Era. Il piccolo Ermes fu un bambino molto precoce: nel suo primo giorno di vita inventò la lira e la notte stessa riuscì a rubare la mandria immortale di Apollo, nascondendola e cancellandone le tracce. Quando Apollo accusò Hermes del furto Maia lo difese dicendo che non poteva essere stato lui, dato che aveva trascorso con lei tutta la notte. Tuttavia intervenne Zeus che disse che in realtà Hermes aveva effettivamente rubato la mandria e doveva restituirla. Mentre discuteva con Apollo, Hermes cominciò a suonare la sua lira: il suono del nuovo strumento piacque così tanto ad Apollo che, in cambio di esso, accettò che Hermes si tenesse la mandria rubata. Ermes aiutò Perseo a uccidere la gorgone Medusa dandogli i suoi sandali alati e il falcetto di Zeus. Diede a Perseo anche l'elmo di Ade che aveva il potere di rendere invisibili, consigliandogli di usarlo per non farsi vedere dalle immortali sorelle di Medusa. Anche Atena fornì il proprio aiuto a Perseo, prestandogli il suo scudo lucente. Dopo che Zeus impone agli dei di partecipare direttamente alla Guerra di Troia, Ermes si schiera dalla parte degli Achei. Nonostante ciò, Ermes protegge il re di Troia Priamo quando questi entra nell'accampamento acheo per chiedere che gli fosse restituito il corpo del figlio Ettore per dargli i funerali.

La discendenza di Ermes

- **Pan**, il dio della natura, delle selve, dei pastori e delle greggi dall'aspetto di un satiro, era considerato figlio di Hermes e della ninfa Driope. Nell'Inno Omerico a Pan, dopo averlo partorito la madre di Pan fuggì via dal neonato spaventata dal suo aspetto.

- **Ermafrodito** era figlio di Hermes e di Afrodite. Fu trasformato in un ermafrodito quando gli dèi concessero alla lettera a lui e alla ninfa Salmace di non separarsi mai.

- Il dio **Priapo** era figlio di Hermes e Afrodite. Attraverso la figura di Priapo si perpetua il ricordo dell'origine di Hermes come divinità fallica. Secondo fonti diverse, Priapo era invece figlio non di Hermes ma di Dioniso.

- Secondo alcune fonti il malizioso dio alato dell'amore **Eros**, figlio di Afrodite, era stato concepito con Hermes, anche se la paternità è stata attribuita anche ad altri dei come Ares ed Efesto.
La Teogonia di Esiodo afferma che Eros era nato dal nulla e la sua venuta al mondo era precedente agli dèi. Nella mitologia romana Eros prese il nome di Cupido.

- La dea della fortuna **Tyche** secondo alcune leggende era figlia di Hermes e Afrodite.

- **Abdero** fu un figlio di Hermes che finì divorato dalle cavalle di Diomede quando accompagnò Eracle a compiere la sua impresa.

- **Autolico**, il principe dei ladri, era figlio di Hermes e fu il nonno di Odisseo.

Estia

Estia, nella mitologia greca, era la dea della casa. È una delle meno conosciute fra le divinità dell'antica Grecia. Era tuttavia tenuta in grande onore, veniva invocata e riceveva la prima offerta nei sacrifici effettuati nell'ambiente domestico.
Esiodo la indica come figlia primogenita di Crono e di Rea, la più anziana della prima generazione degli dèi dell'Olimpo.
Suoi fratelli e sorelle, in ordine di nascita, sono: Demetra, Era, Ade, Poseidone e Zeus. Apparteneva quindi al ristretto gruppo delle dodici maggiori divinità dell'Olimpo. Essa sacrificò il suo trono sull'Olimpo quando Dioniso divenne dio e, infatti, venne chiamata anche "ultima dea". Insieme alla sua equivalente divinità romana, Vesta, non era nota per i miti e le rappresentazioni che la riguardavano, e fu raramente rappresentata da pittori e scultori con sembianze umane, in quanto non aveva un aspetto esteriore caratteristico: la sua importanza stava nei rituali simboleggiati dal fuoco. Fece voto di castità, non perché non fosse bella; infatti, sia Poseidone che Apollo chiesero la sua mano a Zeus, che però, data la decisione della sorella di restare vergine ed evitando così un possibile concorrente al trono, respinse le loro proposte.
Dopo un banchetto Priapo, ubriaco, tentò di farle violenza, ma un asino, col suo raglio, svegliò la dea che dormiva e gli altri dèi, che lo costrinsero a darsi alla fuga. L'episodio ha un carattere di avvertimento aneddotico per chi pensi di abusare delle donne accolte in casa come ospiti, sotto la protezione del focolare domestico: anche l'asino, simbolo della lussuria, condanna la follia criminale di Priapo. Omero narra che Estia riuscì a resistere alle seduzioni e alle persuasioni di Afrodite. Suo simbolo era il cerchio e la sua presenza era avvertita nella fiamma viva posta nel focolare rotondo al centro della casa e nel braciere circolare nel tempio di ogni divinità. Talvolta viene raffigurata assieme a Ermes, ma mentre quest'ultimo aveva il compito di proteggere dal male e di propiziare una buona sorte, Estia santificava la casa.
La sua prima raffigurazione è stata una pietra, denominata erma, dalla forma di una colonna. Ogni città, nell'edificio principale, aveva un braciere comune, il pritaneo, dove ardeva il fuoco sacro di Estia, che non doveva spegnersi mai. Poiché le città erano considerate un allargamento del nucleo familiare, era adorata anche come protettrice di tutte le città greche. Nelle famiglie, il fuoco di

Estia provvedeva a riscaldare la casa e a cuocere i cibi. Il neonato diventava membro della famiglia cinque giorni dopo la nascita, con un rito (anfidromie) in cui il padre lo portava in braccio girando attorno al focolare. La novella sposa portava il fuoco preso dal braciere della famiglia di origine nella sua nuova casa, che solo così veniva consacrata. I coloni che lasciavano la Grecia, portavano con sé una torcia accesa al pritaneo della loro città natale, il cui fuoco sarebbe servito a consacrare ogni nuovo tempio ed edificio. Un rito che sopravvive anche nelle Olimpiadi moderne.

Estia provvedeva il luogo dove sia la famiglia che la comunità si riunivano insieme: il luogo dove si ricevevano gli ospiti, il luogo dove fare ritorno a casa, un rifugio per i supplici. La dea e il fuoco erano una cosa sola e formavano il punto di congiunzione e il sentimento della comunità, sia familiare che civile.

Dioniso

L'origine del nome Dioniso è il nysos di Zeus: il "giovane figlio di Zeus". Inizialmente fu un dio arcaico della vegetazione, in particolare legato alla linfa vitale che scorre nei vegetali, la linfa che si ritrae nel mondo ctonio durante i mesi invernali e che poi torna a scorrere vivida in quelli estivi; e infatti, gli erano cari tutti quei frutti ricchi di succo dolce, come l'uva, il melograno o il fico. Successivamente venne identificato in special modo come Dio del vino, dell'estasi e della liberazione dei sensi, quindi venne a rappresentare l'essenza del creato nel suo perenne e selvaggio fluire, lo spirito divino di una realtà smisurata, l'elemento primigenio del cosmo, l'irruzione spirituale della zoé greca, ossia l'esistenza intesa in senso assoluto, il frenetico flusso di vita che tutto pervade. Questo dio rappresenta in particolare lo stato di natura dell'uomo, la sua parte primordiale, animale, selvaggia, istintiva, che resta presente anche nell'uomo più civilizzato, come una parte originaria insopprimibile, che può emergere ed esplodere in maniera violenta se viene repressa, anziché compresa e incanalata correttamente. Veniva identificato a Roma con il dio Bacco (simile a Dionisio pur non essendo la stessa cosa), con il Fufluns venerato dagli Etruschi e con la divinità italica Liber Pater, ed era soprannominato lysios, "colui che scioglie" l'uomo dai vincoli dell'identità personale per ricongiungerlo all'originarietà universale. Nei misteri eleusini veniva identificato con Iacco. Il Dioniso originario, legato alla vegetazione, rappresentava quell'energia naturale che, per effetto del calore e dell'umidità, portava i frutti delle piante alla piena maturità. Era dunque visto come una divinità benefica per gli uomini da cui dipendevano i doni che la natura stessa offriva tra questi: l'agiatezza, la cultura, l'ordine sociale e civile. Tuttavia, poiché questa energia tendeva a scomparire durante l'inverno, l'immaginazione degli antichi tendeva a concepire talvolta un Dioniso sofferente e perseguitato.
In particolare Dioniso era legato soprattutto alla pianta della vite (quindi alla vendemmia e al vino) e all'edera (in particolare alcune specie di edera, contenenti sostanze psicotrope e che venivano lasciate macerare nel vino). Uno dei suoi attributi era, infatti, il sacro Tirso, un bastone con attorcigliati pampini ed edera; altro suo attributo è il kantharos, una coppa per bere caratterizzata da due alte anse che si estendono in altezza oltre l'orlo.

L'edera, peraltro, ha una forma che può ricordare quella della vite, e a volte le veniva attribuito l'appellativo poetico di oinôps ("color del vino") che indica appunto la sua appartenenza a Dioniso quale dio del vino. Dioniso viene spesso rappresentato nelle arti come vestito di pelle di leopardo, su di un carro di trionfo assieme alla sua compagna Arianna, solitamente si accompagna in gioiose processioni con bestie feroci, satiri e sileni. Il corteo che accompagnava il dio era detto tiaso. Le sue sacerdotesse erano le menadi, o baccanti, donne in preda alla frenesia estatica e invasate dal dio. Quale divinità della forza vitale, dell'impulso, dell'ebbrezza e dell'estasi divenne oggetto dell'analisi del filosofo tedesco Friedrich Nietzsche che contrappose lo Spirito dionisiaco allo Spirito apollineo. Secondo Detienne, Dioniso è il dio straniero per eccellenza, poiché proveniva dalla Tracia. Le ricerche più recenti, in effetti, hanno messo in rilievo l'esistenza di elementi comuni nel culto greco di Dioniso e in culti della Tracia, con possibilità di rapporti reciproci, uniti forse a influssi dall'Asia Minore (già autori antichi sostenevano l'origine frigia del dio). Questa tesi ben si accorda al fatto che diversi elementi attestano l'antichità del culto di Dioniso in terra greca: in particolare la presenza del nome sulle tavolette micenee, il carattere orgiastico dei culti della vegetazione della religione minoica, nonché la credenza, diffusa a Creta, che il toro rappresenti una forma di epifania divina (e Dioniso venne talvolta invocato con l'appellativo di "toro"). Le notizie relative alle modalità della nascita di Dioniso sono intricate e contrastanti. Sebbene il nome di suo padre, Zeus, sia indiscusso, quello di sua madre è invece vittima di numerose interpretazioni da parte degli autori mitografi. Alcuni dicono che il dio fosse frutto degli amori del dio con Demetra, sua sorella, oppure di Io, o ancora di Lete; altri ancora lo fanno figlio di Dione, oppure di Persefone.

Quest'ultima versione, nonostante non sia accettata dalla maggior parte dei mitografi, non è comunque stata scartata del tutto dalla tradizione letteraria. In alcune leggende orfiche, la madre di Dioniso è, infatti, definita "la regina della morte", il che fa appunto pensare a Persefone. Zeus stesso, innamoratosi di sua figlia, che era stata nascosta in una grotta per volere di Demetra, si tramutò in serpente e la raggiunse mentre era intenta a tessere. La fecondò, e la fanciulla partorì così due bambini, Zagreo e lo stesso Dioniso.

Tuttavia, la versione generalmente più conosciuta è quella che vuole come madre Semele, figlia di Armonia e di Cadmo, re di Tebe: d'altra parte il suo nome può significare "la sotterranea", se non si riferisca a Selene, la dea Luna, che ribadisce così all'immagine della Terra intesa come grembo oscuro, ma stranamente fecondo, che sottrae la vita alla luce e l'assorbe per riprodurla, in un eterno ciclo di morti e resurrezioni.

Anche sulle versioni del concepimento di Dioniso, le tradizioni non concordano: secondo alcuni, Zeus, dopo aver raccolto ciò che rimaneva del corpicino del diletto figlio Zagreo, generato da Persefone e ucciso dai Titani, cucinò il cuore del fanciullo in un brodo che fece bere alla giovane Semele, sua amante.

Oppure, il padre degli dei stesso, innamorato perdutamente di Semele, assunse l'aspetto di un mortale per unirsi a lei nel talamo, rendendola incinta di un bambino. L'ennesimo tradimento di Zeus con una mortale non restò oscuro a Era, che si poteva ritenere l'unica moglie legittima del dio. Infuriata, e non potendo vendicarsi sul marito, la dea ispirò nelle tre sorelle di Semele invidia per la sorella, che nonostante fosse in età da nubile, poteva vantare già un amante e anche una gravidanza. La povera Semele subì le crudeli beffe di Agave, Ino e Autonoe, le quali criticavano non solo il fatto che fosse già incinta, ma anche che nonostante il concepimento, il padre del bambino non si fosse ancora deciso a venire allo scoperto e a dichiararsi. L'impetuoso avvento di Dioniso e la sua misteriosa presenza sono simboleggiate da un'immagine da cui traspare l'enigma perturbante della sua duplicità e con esso la sua frenesia: la maschera. Nella festa della vendemmia, ad esempio, Dioniso era presente in figura d'una maschera. La maschera, invero, ricorre anche in altri culti greci, ma solo quelle dionisiache rappresentavano il dio nella sua epifania (una di queste, in marmo, dalle proporzioni superiori al normale, con rami d'edera, risale alla seconda metà del VI secolo e appartiene al sacrario dionisiaco di Icaria nell'Attica, che ancora oggi s'intitola al dio; questa maschera serviva evidentemente a usi culturali che ci sono noti dalle immagini vascolari). A causa delle notevoli dimensioni, tali maschere dunque non venivano indossate ma erano concepite come le immagini stesse del dio. La materia è ancora controversa, ma le diverse ipotesi confluiscono sul concetto della maschera come "epifania" ed essenza del dio, e non semplice simbolo.

Sul vaso François, Dioniso, nel corteo degli dei, si presenta diversamente dagli altri: mentre quelli si mostrano di profilo, solo lui volge direttamente all'osservatore il suo gigantesco volto dagli occhi immensi. Questa particolarità viene generalmente spiegata col fatto che fino dall'antichità Dioniso sarebbe stato rappresentato di preferenza con la maschera, ma lo si rappresentava così perché era "il contemplante", il dio della più immediata presenza.

Dal vaso François ci guarda in modo così penetrante proprio perché è sua caratteristica apparire improvvisamente, e con tanta potenza agli occhi degli uomini che la maschera - tipica delle divinità naturalistiche e degli spiriti primigeni - gli serve da simbolo e da personificazione nel culto. Il volto dagli occhi scrutatori è stato da tempi immemorabili considerato come la più caratteristica manifestazione delle nature di tipo umano o ferino, e questa manifestazione viene riaffermata efficacemente dalla maschera, in quanto essa è la più forte immagine della presenza, della frontalità, di ciò "che viene incontro": i suoi occhi sbarrati davanti a sé sono tali che non si può fuggire, il suo volto è intenso, vibrante e ambiguo, simbolo contraddittorio di immediata presenza e assoluta assenza, di realtà e illusione, ragione e follia. La maschera di Dioniso si distingue da quella delle altre divinità perché è più penetrante e immediatamente sensibile, ed è collegata con l'infinito enigma della duplicità e della contraddizione: i misteri ultimi dell'essere e del non-essere fissano l'uomo con occhi smisurati in un'esperienza totalizzante, che investe tutta la sfera dell'essere.

Questo spirito della duplicità che contraddistingue Dioniso e il suo regno ricorre in tutte le forme del suo operare, è la causa di quello stravolgimento che ogni elemento dionisiaco non manca mai di suscitare perché è lo spirito di una natura selvaggia e universale. Elemento tipico del culto di Dioniso è la partecipazione essenzialmente femminile alle cerimonie che si celebravano in svariate zone della Grecia: le baccanti (chiamate anche menadi, lene, tiadi o bassaridi) ne invocavano e cantavano la presenza e, anche per mezzo di maschere (importanti nel culto di Dioniso, che si suppone legato alla nascita della tragedia greca), riproducevano ritualmente il mitico corteo dionisiaco di sileni, satiri e ninfe.

Si identificavano con il dio e ne acquisivano il "furore", inteso come stato d'invasamento divino: scopo del rito era quello di ricordare le vicende mitologiche di Dioniso; erano incoronate da frasche di alloro, tralci di vite e pampini, e cinte da pelli di animali selvatici, e reggevano il tirso, una verga appesantita a un'estremità da una pigna che ne rendeva instabili i movimenti; gli uomini erano invece camuffati da satiri (vi partecipavano anche gli schiavi).

Ebbro di vino, il corteo, chiamato tiaso, si abbandonava alla vorticosa suggestione musicale del ditirambo, lirica corale e danza ritmica ossessiva ed estatica. Un rito particolarmente violento e brutale era lo Sparagmòs che consisteva nel dilaniare a mani nude degli animali allo scopo di mangiarne le carni crude. E tale rito è persino descritto nelle Baccanti di Euripide. Nei rituali dionisiaci venivano stravolte le strutture logiche, morali e sociali del mondo abituale. Il filosofo Friedrich Nietzsche, ne La nascita della tragedia, affermò che la potenza dionisiaca induceva in uno stato di estasi ed ebbrezza infrangendo il cosiddetto "principio di individuazione", ossia il rivestimento soggettivo di ciascun individuo, e riconciliava l'essere umano con la natura in uno stato superiore di armonia universale che abbatteva convenzioni e divisioni sociali stabilite arbitrariamente dall'uomo. Nietzsche sosteneva che la vita stessa, come principio che anima i viventi, è istinto, sensualità, caos e irrazionalità, e per questo non poté che vedere in Dioniso la perfetta metafora dell'esistenza: ciò che infonde vita nelle arterie del mondo è, infatti, una fonte primeva e misteriosa che fluttua caotica nel corpo e nello spirito, è la tempesta primigenia del cosmo in eterno mutamento.hegel, da parte sua, nella prefazione alla Fenomenologia dello spirito, raffigurò in un'immagine dionisiaca la conoscenza del Vero, quando la paragonò al "vacillare della baccante, in cui non v'è membro che non sia ebbro". Il Mistero era costituito dalla partecipazione delle baccanti all'epifania totale di Dioniso. I riti vengono celebrati di notte, lontano dalla città, sui monti e nelle foreste. Attraverso il sacrificio della vittima per squartamento e la consumazione della carne cruda (omofagia) si realizza la comunione con il dio, perché gli animali fatti a brani e divorati sono epifanie, o incarnazioni, di Dioniso. Tutte le altre esperienze - la forza fisica eccezionale, l'invulnerabilità al fuoco e alle armi, i "prodigi" (l'acqua, il vino, il latte che scaturiscono dal suolo), la "dimestichezza" con i serpenti e i piccoli delle bestie feroci - sono resi possibili dall'entusiasmo, dall'identificazione con il dio. L'estasi dionisiaca significa anzitutto il superamento della condizione umana, la scoperta della liberazione totale, il raggiungimento di una libertà e di una spontaneità inaccessibili ai mortali. Divinità enigmatica e ammaliante, Dioniso si faceva beffe di ogni ordinamento e convenzione, sconvolgeva le coscienze, sgretolava regole e inibizioni riconducendo gli uomini, in un vortice delirante, al loro stato di purezza primordiale. Per il filologo Walter Otto rappresenta "lo spirito divino di una realtà smisurata" che si manifesta in un eterno deflagrare di forze opposte: estasi e terrore, vita e morte, creazione e distruzione, fragore e silenzio, è una pulsione vitale dirompente e selvaggia, che affascina e inquieta, la sinfonia inebriante dell'universale realtà del cosmo. Per Károly Kerényi "dove regna Dioniso la vita si rivela irriducibile e senza confini". Per Roberto Calasso, il dio ubriaco era "intensità allo stato puro" che "travolgeva nell'ebbrezza e usava il sarcasmo verso chiunque gli si opponesse". E ancora: è il dio della potenza provvidenziale e distruttiva per Roux; è "il dio dell'ambiguità", "il differente", che unisce le polarità contraddittorie dell'umano per Versnel; è il dio che rappresenta quell'elemento di alterità che ogni essere umano porta dentro di sé per Vernant; non è una divinità greca come le altre per Dabdab Trabulsi; è "un'arborescenza illimitata di doppie tensioni" per Segal; è un paradosso, "la somma di innumerevoli contraddizioni", tanto da presentarsi come "abisso ed enigma", per Henrichs. Il culto di Dioniso, diffuso in tutta la Grecia, era particolarmente vivo in Beozia e in Attica.

Ad Atene erano importanti le dionisie rurali (o Piccole Dionisie) e quelle urbane (o Grandi Dionisie). Nelle prime, celebrate nei vari borghi dell'Attica, è elemento tipico la falloforia, o processione del fallo, che fa riferimento alle connotazioni agricole e di fecondità del dio; nelle dionisie urbane sono elemento centrale le rappresentazioni teatrali, presenti anche in un'altra festa dionisiaca ateniese, le lenee. Il ciclo delle celebrazioni ufficiali in onore del dio ad Atene era chiuso dai tre giorni delle antesterie, all'inizio della primavera: vi si riscontra la relazione con la vegetazione e il legame col regno dei morti (il terzo giorno si pensava che i morti ritornassero fra i vivi per essere poi, al termine della festa, ritualmente allontanati). A Delfi i tre mesi invernali erano sacri a Dioniso, e l'immagine del dio e del suo corteo era raffigurata su una delle due facciate del tempio. Il culto di Dioniso venne introdotto in Italia dalle colonie greche e fu oggetto anche di provvedimenti repressivi, come il senatoconsulto del 186 a.C. che vietava i baccanali, ma nella religione mistica ebbe sempre grande importanza fino all'età imperiale. Nella tarda antichità il culto di Dioniso assurse a religione cosmica e si espanse capillarmente in maniera del tutto spontanea: solo le vicende storiche posero fine alla sua influenza.

Poseidone

Poseidone è il dio del mare e dei terremoti nella mitologia greca e nella religione greca. Figlio di Crono e fratello di Zeus, Ade, Era, Estia e Demetra è uno dei dodici dei dell'Olimpo. La sua consorte è la Nereide Anfitrite e da lei ha avuto un figlio, Tritone, mezzo uomo mezzo pesce. I simboli del dio sono il tridente e suoi animali sacri, il cavallo (creato da lui dalle onde del mare) e il delfino. Suo epiteto ricorrente è Scuotitore della terra, causa dei terremoti. Divinità simili a Poseidone del mondo antico furono Rodon nella religione illirica, Nethuns nella religione etrusca e il suo corrispondente nome Nettuno in quella romana. In suo onore venivano celebrati i giochi Istmici. Secondo Pausania Poseidone era uno dei custodi dell'Oracolo di Delfi prima che Apollo ne assumesse il controllo. Apollo e Poseidone spesso si occuparono degli stessi aspetti delle vicende umane: ad esempio durante la fase della fondazione di nuove colonie Apollo per mezzo dell'Oracolo autorizzava i coloni a partire e indicava loro dove stabilirsi, mentre Poseidone si prendeva cura dei coloni durante la navigazione verso la nuova patria e procurava le acque lustrali per celebrare i sacrifici propiziatori per la fondazione della nuova città. Come anche Dioniso e le Menadi, Poseidone aveva la capacità di provocare alcune forme di disturbo mentale: uno dei testi di Ippocrate riporta come alla sua opera fosse attribuito l'insorgere di certi tipi di epilessia. Poseidone era venerato come divinità principale in molte città: ad Atene era considerato secondo soltanto ad Atena, mentre a Corinto e in molte città della Magna Grecia era considerato il protettore della polis.Le celebrazioni in onore di Poseidone si tenevano, all'inizio della stagione invernale, in molte città del mondo greco. I marinai rivolgevano preghiere a Poseidone Affinché concedesse loro un viaggio sicuro e talvolta come sacrificio annegavano dei cavalli in suo onore. Quando mostrava il lato benigno della sua natura Poseidone creava nuove isole come approdo per i naviganti e offriva un mare calmo e senza tempeste. Quando invece veniva offeso e si sentiva ignorato allora colpiva la terra con il suo tridente provocando mari tempestosi e terremoti, annegando chi si trovasse in navigazione e affondando le imbarcazioni. L'iconografia classica di Poseidone lo ritrae alla guida del suo carro trainato da cavallucci marini o da cavalli capaci a correre sul mare. Spesso era rappresentato insieme a delfini e con in mano il suo tridente. Poseidone era figlio di Crono e Rea e fratello di Zeus, Ade, Estia, Demetra ed Era. Secondo Esiodo Poseidone è fratello maggiore di Zeus, mentre secondo Omero il maggiore è Zeus, Poseidone il secondo e Ade il terzo. Esiodo racconta, infatti, che come i suoi fratelli e sorelle Poseidone venne divorato dal padre Crono e successivamente rigurgitato da esso costretto da Zeus, l'ultimogenito riuscito a sfuggire al terribile genitore grazie alla madre Rea. Secondo altre tradizioni invece Rea riuscì a salvare Poseidone: secondo Pausania diede in pasto al marito un puledro e nascose il figlio in un branco di cavalli; secondo Diodoro Siculo, Rea affidò il figlio alle cure dei Telchini, magici abitanti di Rodi, e dell'Oceanina Cefira. Poseidone insieme a fratelli e sorelle, agli Ecatonchiri e ai Ciclopi, che gli forgiarono la sua arma, il tridente, sconfisse Crono e i Titani nella Titanomachia.

I Titani furono scaraventati nel Tartaro e Poseidone stesso provvide a costruire le mura di bronzo che li imprigionavano.

Quando poi si decise di dividere il mondo in tre regni, vi fu un sorteggio: Zeus ricevette il cielo, Ade, ingannato da Zeus, il mondo sotterraneo dell'oltretomba, mentre a Poseidone toccarono il mare e le acque. Il dio del mare partecipò anche alla guerra tra gli Olimpi e i Giganti, la Gigantomachia, nella quale combatté contro il gigante Polibote e lo sconfisse tagliando un pezzo dell'isola di Coo con il suo tridente e scaraventandoglielo contro, creando così l'isola di Nisiro. Agostino nel *La città di Dio* riporta la spiegazione di Varrone sull'etimologia del nome della città di Atene: la sfida tra Atena e Poseidone. In quel luogo spuntò all'improvviso un ulivo e sgorgò dell'acqua. Consultato l'Oracolo di Delfi, rispose che l'ulivo simboleggiava la dea Atena e l'acqua il dio Poseidone e che i cittadini potevano scegliere il nome di una delle due divinità per denominare la propria città. Il re Cecrope allora convocò tutti i cittadini: i maschi votarono per Poseidone, le donne per Atena. Vinse la seconda perché si ebbe un voto in più delle donne.

Allora Poseidone devastò i campi di Atene con le onde del mare e per placarne l'ira le donne furono punite: d'allora in poi non avrebbero votato, nessun figlio avrebbe preso il nome della madre e nessuna sarebbe stata chiamata come la dea vincitrice della contesa. Apollodoro invece narra che a giudicare la disputa tra le due divinità furono gli dei dell'Olimpo, che decretarono la vittoria di Atena poiché Cecrope aveva testimoniato che la dea aveva piantato l'olivo prima di Poseidone.

Si pensa che questa leggenda sia sorta nel ricordo di contrasti sorti nel periodo Miceneo tra gli abitanti originari della città e dei nuovi immigrati. È interessante notare come Atene, nonostante questa scelta, all'apice del suo sviluppo fu una grande potenza navale, capace di sconfiggere la flotta Persiana nella battaglia di Salamina. In una versione della storia differente, Atena e Poseidone avevano rotto una relazione appena prima della contesa, aggiungendo quindi un altro motivo valido alla lotta per il possesso della città.

Nell'Iliade, Poseidone si schiera dalla parte dei Greci e in diverse occasioni scende in battaglia contro l'esercito Troiano. Tuttavia nel XX libro, interviene a salvare Enea quando il principe Troiano è sul punto di essere ucciso da Achille.

Amanti e figli di Poseidone

Afrodite - Dea
- Erice
- Erofilo

Alope
- Ippotoo - Poseidone ebbe una relazione con sua nipote Alope, figlia di suo figlio Cercione re di Eleusi, generando così Ippotoo. Cercione decise di seppellire viva Alope, ma Poseidone la trasformò nell'omonima fonte che si trova nei pressi di Eleusi.

Anfitrite - Nereide
- Tritone
- Bentesicima

Amimone
- Nauplio - Poseidone salvò Amimone da un satiro lascivo che l'aveva aggredita e in seguito ebbe da lei un figlio di nome Nauplio.

Arene
- Idas

Aretusa
- Abante

Astipalea
- Periclimeno

Calice
- Cicno

Celeno
- Eufemo

- Lico
- Nitteo

Clito - Il dio si innamorò di Clito, una fanciulla dell'isola, e «recinse la collina dove ella viveva, alternando tre zone di mare e di terra in cerchi concentrici di diversa ampiezza, due erano fatti di terra e tre d'acqua», rendendola inaccessibile agli uomini, che all'epoca non conoscevano la navigazione.

Poseidone e Clito ebbero dieci figli, il primo dei quali, Atlante, sarebbe divenuto in seguito il governatore dell'Impero.

Ognuno dei dieci re governava la propria regione di competenza, ed erano legati gli uni agli altri dalle disposizioni previste da Poseidone e incise su una lastra di oricalco posta al centro dell'isola, attorno a cui si riunivano per prendere decisioni che riguardavano tutti.

- Atlante
- Eumelo
- Anfere
- Evemone
- Mneseo
- Autoctono
- Elasippo
- Mestore
- Azae
- Diaprepe

Demetra - Dea - Secondo un antico mito, una volta Poseidone tentò di insidiare Demetra, ma la dea rifiutò i suoi approcci e si trasformò in una giumenta per nascondersi confondendosi tra una mandria di cavalli. Poseidone però la individuò ugualmente, nonostante le sue nuove sembianze, si trasformò a sua volta in uno stallone e in questo modo riuscì a farla sua: dall'unione nacque Arione, un cavallo dotato del dono della parola.

- Arione
- Despena

Gea - Dea
- Anteo
- Cariddi

Ifimedea
- Oti
- Efialte

Melia

- Amico

Medusa - Secondo il mito Poseidone si era innamorato di Medusa, una delle Gorgoni, le figlie di Forco e Ceto. Una notte il dio la sedusse o la violò nel tempio di Atena. Quest'ultima, profondamente irritata dall'affronto subito, aveva trasformato la fanciulla in un orribile mostro.

- Gorgone
- Crisaore

Peribea - mortale

- Nausitoo

Satyria

- Taras

Tiro - mortale - Tiro era sposata con Creteo, dal quale aveva avuto Esone, ma era innamorata del dio fluviale Enipeo: la donna si offrì a Enipeo che però la rifiutò. Un giorno Poseidone, innamoratosi di Tiro, assunse le sembianze di Enipeo e dalla loro unione nacquero i due gemelli Pelia e Neleo.

- Pelia
- Neleo

Toosa - ninfa

- Polifemo

Zeus

Zeus è il re, capo, sovrano e padre degli dèi, il sovrano dell'Olimpo, il dio del cielo e del tuono. I suoi simboli sono la folgore, il toro, l'aquila e la quercia. Figlio del titano Crono e di Rea, era il più giovane dei suoi fratelli e sorelle: Estia, Demetra, Era, Ade e Poseidone. Nella maggior parte delle leggende era sposato con Era, anche se nel santuario dell'oracolo di Dodona come sua consorte si venerava Dione (viene raccontato nell'Iliade che Zeus sia il padre di Afrodite, avuta con Dione). Zeus nella tradizione statuaria e nelle raffigurazioni delle antiche pitture vascolari è rappresentato con le sembianze di un uomo maturo con la barba e le saette fra le mani, ai suoi piedi c'è l'aquila: l'unico uccello capace di fissare il sole senza riportare danni alla vista; i simboli di Zeus sono le stelle e il tridente, a significare che egli regnava su cielo, mare e terra: quando agitava la sua famosa egida scoppiavano le tempeste. Le feste in suo onore si svolgevano a Olimpia, dove sorgeva il tempio più bello dedicato al dio, con una statua meravigliosa di avorio e oro, opera del celeberrimo scultore Fidia. È comunque famoso per le sue frequentissime avventure erotiche extraconiugali, tra le quali si ricordano anche alcune relazioni omosessuali, come con Ganimede o con Euforione. Il frutto dei suoi numerosi convegni amorosi furono i suoi molti celeberrimi figli, tra i quali Apollo e Artemide, Hermes, Persefone, Dioniso, Perseo, Eracle, Elena, Minosse e le Muse. Dalla legittima moglie Era secondo la tradizione ebbe Ares, Ebe, Efesto e Ilizia. Tali rapporti amorosi venivano consumati da Zeus anche sotto forma di animali (cigno, toro); infatti, tra i suoi enormi poteri, egli aveva anche quello di tramutarsi in qualsiasi cosa volesse. La figura equivalente a Zeus nella mitologia romana era Giove, mentre in quella etrusca era il dio Tinia. Zeus ha anche molte analogie con il norreno Odino e lo slavo Perun. Anche se la maggior parte degli oracoli erano generalmente dedicati ad Apollo, a eroi oppure a dee come Temi, esistevano anche alcuni oracoli dedicati a Zeus.

L'oracolo di Dodona - Il culto di Zeus a Dodona nell'Epiro, località per la quale vi sono prove dello svolgersi di attività cerimoniali a partire dal II millennio a.c., era imperniato su di una quercia sacra. All'epoca in cui fu composta l'Odissea (circa il 750 a.c.) l'attività divinatoria era condotta da sacerdoti scalzi chiamati

Selloi, che si stendevano a terra e osservavano lo stormire delle foglie e dei rami dell'albero. All'epoca in cui Erodoto scrisse a sua volta di Dodona i sacerdoti erano stati sostituiti da sacerdotesse chiamate Peleiadi (colombe).

L'oracolo di Siwa - L'oracolo di Amon nell'Oasi di Siwa che si trova nel lato occidentale del deserto egiziano non si trovava entro i confini del mondo greco prima dell'epoca di Alessandro Magno, ma fin dall'età arcaica aveva esercitato una forte influenza sulla cultura greca: Erodoto nella sua descrizione della guerra greco-persiana dice che Zeus Amon fu consultato varie volte. Zeus Amon era tenuto in particolare considerazione a Sparta, dove fin dall'epoca della Guerra del Peloponneso esisteva un tempio in suo onore. Quando Alessandro Magno si avventurò nel deserto per consultare l'oracolo di Siwa, scoprì l'esistenza di una Sibilla libica.

Altri oracoli di Zeus - Si dice che entrambi gli Zeus ctonii Trofonio e Anfiarao dessero responsi di tipo oracolare nei santuari a loro dedicati. Il titano Crono ebbe molti figli da Rea: Estia, Demetra, Era, Ade e Poseidone, ma li divorò tutti appena nati, dal momento che aveva saputo da Gaia e Urano che il suo destino era di essere spodestato da uno dei suoi figli così come lui stesso aveva spodestato suo padre. Quando però Zeus stava per nascere, Rea chiese a Gaia di escogitare un piano per salvarlo, in modo che Crono ricevesse la giusta punizione per ciò che aveva fatto a Urano e ai suoi stessi figli. Rea partorì Zeus a Creta, consegnando al suo posto a Crono una pietra fasciata con dei panni che egli divorò immediatamente. La madre nascose Zeus in una cesta sospesa a un albero, sorvegliato da una famiglia di pastori ai quali promise in cambio che le loro pecore non sarebbero state attaccate dai lupi. Il mito sarebbe, secondo Cicerone, un'allegoria: Krònos, che vale chrònos, cioè un periodo di tempo, si immagina che avesse l'abitudine di divorare i suoi figli perché il tempo divora i periodi di tempo e si riempie insaziabilmente degli anni passati. Fu poi incatenato da Zeus perché il suo corso non fosse illimitato e perché fosse legato con i vincoli delle stelle. Rea nascose quindi Zeus in una grotta sul Monte Ida a Creta e, a seconda delle varie versioni della leggenda:

- fu allevato ed educato da Gaia.
- fu allevato da una capra di nome Amaltea, mentre un gruppo di Cureti gridavano, danzavano e battevano le loro

lance contro gli scudi perché Crono non sentisse il pianto del bambino.

- fu allevato da una Ninfa di nome Adamantea. Dato che Crono dominava la Terra, i cieli e il mare, lo nascose appendendolo a una fune legata a un albero in modo che, sospeso fra i tre elementi, fosse invisibile al padre.
- fu allevato da una Ninfa di nome Cinosura. In segno di gratitudine Zeus, una volta cresciuto, la trasformò in una stella.
- fu allevato da Melissa, che lo nutrì con latte di capra.

Raggiunta l'età adulta, Zeus costrinse Crono a rigettare prima la pietra che l'aveva sostituito, poi i suoi fratelli e sorelle nell'ordine inverso rispetto a quello in cui erano stati ingeriti.

Secondo alcune versioni della leggenda Metide diede un emetico a Crono per costringerlo a vomitare i figli, secondo altre ancora Zeus squarciò lo stomaco del padre. A questo punto Zeus liberò dalla loro prigione nel Tartaro anche i fratelli di Crono: gli Ecatonchiri e i Ciclopi. Insieme, Zeus e i suoi fratelli e sorelle, gli Ecatonchiri e i Ciclopi rovesciarono dal trono Crono e gli altri Titani grazie alla terribile battaglia chiamata Titanomachia. I Titani sconfitti furono da allora confinati nell'oscuro regno sotterraneo del Tartaro. Atlante, in quanto capo dei Titani che avevano combattuto contro Zeus, fu condannato a reggere il cielo sulle sue spalle. Dopo la battaglia contro i Titani Zeus si spartì il mondo con i suoi fratelli maggiori Poseidone e Ade sorteggiando i tre regni: Zeus ebbe in sorte i cieli e l'aria, Poseidone le acque e ad Ade toccò il mondo dei morti. L'antica terra, Gaia, non poté essere concessa ad alcuno, ma venne condivisa da tutti e tre a seconda delle loro capacità. I Giganti furibondi perché Zeus aveva confinato nel Tartaro i loro fratelli Titani si ribellarono agli dèi Olimpi e scatenarono a loro volta la Gigantomachia. Essi cominciarono a scagliare massi e tizzoni ardenti verso il cielo. Era profetizzò che «... i Giganti non sarebbero mai stati sconfitti da un dio, ma soltanto da un mortale che vestiva con pelli di leone, e solo con una certa erba che rendeva invulnerabili.». L'uomo fu identificato con Eracle (Ercole) e Zeus, vagando in una regione indicatagli da Atena, trovò l'erba magica. Così furono sconfitti anche i Giganti. Gaia si risentì per il modo in cui Zeus aveva trattato i Titani e i Giganti, dato che erano figli suoi. Così, poco dopo essersi impossessato del trono degli dèi, Zeus dovette affrontare anche il mostro Tifone, figlio di Gaia e del

Tartaro. Zeus sconfisse Tifone e lo schiacciò sotto a una montagna o al vulcano Etna. Zeus era sia il fratello sia il marito di Era. Con lei generò Ares, Ebe ed Efesto, anche se alcune leggende narrano che Era diede vita ai suoi figli da sola. Altri miti includono tra la loro discendenza anche Ilizia. Le numerose conquiste che Zeus fece tra le Ninfe e le mortali, che diedero inizio alle più importanti dinastie greche, sono proverbiali. La mitografia gli attribuisce relazioni tra le divinità con Demetra, Latona, Dione e Maia, mentre tra le mortali con Semele, Io, Europa e Leda. Molte leggende dipingono un'Era gelosissima delle conquiste amorose del marito e fiera nemica delle sue amanti e dei figli da loro generati. Tra i numerosi figli che aveva avuto, Eracle è stato spesso descritto come il preferito da Zeus. Infatti, Eracle fu spesso chiamato, sia dalla gente sia da vari dèi, il figlio prediletto di Zeus: una leggenda narra come, quando una stirpe di Giganti nati dalla terra minacciava l'Olimpo e l'Oracolo di Delfi aveva detto che solo le forze riunite di un singolo mortale e di un dio potevano fermarli, Zeus scelse Eracle per combattere al suo fianco e, insieme, sconfissero i mostri.

Per conquistare le sue amate aveva una sfrenata fantasia. Memorabile il trucco escogitato per sedurre Leda: assunse le sembianze di cigno e dalla relazione nacquero Elena e i Dioscuri (Castore e Polluce) contenuti in due uova di dimensioni notevoli. Ebbe una schiera innumerevole di figli: Minosse, Radamante e Serpedonte (da Europa), Apollo e Artemide (da Leto), Ermes (da Maia), Persefone (da Demetra), Afrodite (da Dione), Dioniso (da Semele), le Ore e le Moire (da Temi), le Muse (da Mnemosine), Eracle (da Alcmena).

Gli Dèi degli Inferi

Il dominio dell'oltretomba fu affidato da Zeus a suo fratello Ade che regnava insieme alla sua sposa Persefone, Proserpina o Core, sulle ombre dei morti; e la sua dimora è perciò nell'Erebo, un paese tenebroso che scende nelle profondità della Terra, verso l'estremo Occidente, al di là del fiume Oceano.

Questa immensa caverna sotterranea ha, come suolo, un prato di asfodeli, circondato tutto attorno dalle acque di quattro fiumane spaventose: lo Stige, l'Acheronte, il Flegetonte e il Cocito, ai quali più tardi venne aggiunto dai poeti il fiume Lete che è il fiume dell'oblio della vita terrena. Per entrare nell'Erebo, occorre un barcaiolo, Caronte, in quanto è un'isola. A guardia della porte dell'Erebo c'è Cerbero, figlio di Tifone e Echidna, cane feroce con tre teste, che urla terribilmente: esso lascia entrare liberamente le anime dei morti, ma guai a chi volesse farle uscire. L'Erebo è diviso in due parti distinte: il Tartaro, che è il luogo dei tormenti per le anime colpevoli, e l'Eliso, che è il luogo dove riposano i beati.

L'Eliso o Campi Elisi è una bella campagna dove, anche dopo la morte, si trascorre una tranquilla e felice vita.

Gli dèi degli Inferi sono:

- Ade
- Erebo
- Persefone

Le divinità minori dell'Erebo più importanti sono:
- Caronte
- Minosse
- Radamanto
- Eaco
- Le tre Erinni
- Thanatos
- Hypnos
- Le Arpie

Ade

Ade era figlio di Crono e di Rea, mentre i suoi fratelli e le sue sorelle erano Estia, Demetra, Era, Zeus e Poseidone. Secondo il mito venne divorato dal padre insieme ai suoi fratelli e sorelle, con la sola eccezione di Zeus, che fu salvato dalla madre. Secondo la Suda, un testo tardo-bizantino del X-XI secolo, avrebbe avuto una figlia di nome Macaria, dea della buona morte. Ade partecipò alla Titanomachia, nell'occasione in cui i Ciclopi gli fabbricarono la kunée, un magnifico elmo magico in pelle d'animale che gli permetteva di diventare invisibile: si poté introdurre così segretamente nella dimora di Crono rubandogli le armi e, mentre Poseidone minacciava il padre col tridente, Zeus lo colpì con la folgore. In seguito, ricevette la sovranità del mondo sotterraneo e degli Inferi, quando l'universo fu diviso con i suoi due fratelli Zeus e Poseidone, che ottennero rispettivamente il regno dell'Olimpo e del mare. Le vie d'accesso al suo regno erano due fiumi, lo Stige e l'Acheronte, sui quali navigava Caronte col compito di condurre i morti al cospetto del dio per essere giudicati. La maggior parte dei defunti finiva nella Pianura degli Asfodeli (una specie di Purgatorio); i più fortunati arrivavano invece ai Campi Elisi, mentre i pochi che durante la loro vita terrena avevano osato offendere gli dei avevano come destinazione finale il Tartaro. Il giudizio sulla vita terrena era affidato a tre uomini distintisi in vita per il loro essere molto giusti: Minosse, Radamanto ed Eaco. Viene annoverato saltuariamente fra le divinità olimpiche, nonostante questo sia contrario alla tradizione canonica. Ade è d'altra parte assai poco presente nella mitologia, essendo essenzialmente legato ai racconti mitologici legati agli eroi: Orfeo, Teseo ed Eracle sono tra i pochi mortali ad averlo incontrato. Inoltre la tradizione lo vuole riluttante ad abbandonare il mondo dell'aldilà: le uniche due eccezioni si ricordano per il rapimento di Persefone e per ricevere alcune cure dopo essere stato ferito da una freccia di Eracle. Ade, durante il solstizio d'inverno, era autorizzato ad accedere all'Olimpo per restare con i suoi fratelli. La leggenda lo vuole padrone delle greggi solari, al pascolo nell'isola Erizia, la cosiddetta isola rossa, dove il Sole muore quotidianamente. Il pastore era chiamato Menete. Ade, innamorato di Persefone, la rapì con l'accordo di Zeus; mentre stava raccogliendo dei fiori in compagnia delle ninfe le apparve un Narciso (il fiore da cui anche gli dei sono attratti) e lei quando lo colse Ade la rapì. Secondo il mito i fatti accaddero ai piedi del monte Etna. Sua madre, Demetra, disperata per la scomparsa della figlia, la cercò per nove giorni arrivando fino alle regioni più remote: il decimo giorno, con l'aiuto di Ecate ed Elio, seppe che il rapitore era il dio degli Inferi. Adirata, Demetra abbandonò l'Olimpo e scatenò una tremenda carestia in tutta la terra, affinché questa non offrisse più i suoi frutti ai mortali e agli dei. Zeus tentò allora di riconciliare Ade e Demetra, affinché si evitasse la fine del genere umano: inviò il messaggero Ermes al fratello, ordinandogli di restituire Persefone, a patto che ella non si fosse cibata del cibo dei morti. Ade non si oppose all'ordine ma, poiché Persefone era effettivamente digiuna dal rapimento, la invitò a mangiare prima di tornare dalla madre: le offrì così un melograno, frutto proveniente dagli Inferi, in dono. In procinto di mettersi sulla via di Eleusi, uno dei giardinieri di Ade, Ascalafo, la vide mangiare pochi grani del melograno: in questo modo si compì dunque il tranello ordito da Ade, affinché Persefone restasse con lui negli Inferi. Allo scatenarsi nuovamente dell'ira di Demetra, Zeus propose un nuovo accordo, per cui, dato che Persefone non aveva mangiato un frutto intero sarebbe rimasta nell'oltretomba solamente per un numero di mesi equivalente al numero di semi da lei mangiati, potendo così trascorrere con la madre il resto dell'anno; avrebbe trascorso così sei mesi con il marito negli Inferi, e sei mesi con la madre sulla terra. La proposta fu accettata da entrambi, e da quel momento si associarono la primavera e l'estate ai mesi che Persefone trascorreva in terra dando gioia alla madre, e l'autunno e l'inverno ai mesi che passava negli Inferi, durante i quali la madre si struggeva per la figlia. Secondo Ovidio e Strabone, Ade tentò di approfittarsi della ninfa Menta. Persefone, gelosa del marito, si dispiacque dell'unione e si infuriò quando Menta proferì contro di lei minacce spaventose e sottilmente allusive alle proprie arti erotiche molto sviluppate. Persefone, sdegnata, la fece a pezzi: Ade le consentì di trasformarsi in erba profumata, la menta, ma Demetra la condannò alla sterilità, impedendole di produrre frutti.

Ade aveva un tempio ai piedi del monte Mente in Elide.

Leuce, un'altra ninfa figlia di Oceano, fu rapita da Ade e trasformata da Persefone in pioppo bianco presso la fontana della Memoria. Per Ade si sacrificavano, unicamente nelle ore notturne, pecore o tori neri, e coloro che offrivano il sacrificio voltavano il viso, poiché guardare negli occhi Ade senza l'ordine o il permesso del dio avrebbe portato immediatamente alla morte. Il suo culto non era molto sviluppato ed esistono poche statue con sue raffigurazioni. Dei pochi luoghi di culto a lui dedicati, il solo degno di nota è Samotracia, mentre si suppone ne esistesse un secondo situato nell'Elide, a nord ovest del Peloponneso; è possibile che un altro centro del suo culto si trovasse a Eleusi, strettamente connesso con i misteri locali. Euripide indica che Ade non riceveva libagioni rituali. Veniva solitamente rappresentato come un uomo tenebroso, barbuto, freddo e serio (ma mai cattivo), spesso seduto su un trono e dotato di una patera e di uno scettro, con il cane a tre teste protettore degli Inferi, Cerbero e con quattro cavalli neri i cui nomi erano, secondo Claudien (poeta latino del quinto secolo), Æthon, Alastor, Nyctéus e Orfeo. A volte si trovava anche un serpente ai suoi piedi. Indossa molto spesso un elmo, oppure un velo che gli copre il volto e gli occhi. Suo attributo era la cappa che rende invisibili. Si hanno sue rappresentazioni in moltissimi contesti ceramici, soprattutto nelle pìnakes di Locri Epizefiri. Altri esempi si conoscono in alcuni affreschi della Tom ba dell'Orco (altro nome del dio) a Tarquinia, mentre a Orvieto se ne ha una raffigurazione all'interno della Tomba Golini I. Per la Grecia si ricordano un trono del Partenone attribuito a Fidia e una base colonnare da Efeso, più esattamente dal Tempio di Artemide. Nel mondo romano i sarcofagi, soprattutto in età tardo antica, usavano rappresentare il ratto di Proserpina e dunque una raffigurazione del dio infernale. Molto famosa in epoca barocca la versione scultorea di Gian Lorenzo Bernini del Ratto di Proserpina, di estremo virtuosismo. La topografia del regno degli Inferi è piuttosto complessa e varia, a partire dalle sue porte d'entrata, poste, a secondo delle leggende e tradizioni, ora nelle terre dei Cimmeri, ora in Campania presso il lago di Averno, ora in Sicilia, ora in Arcadia. Di esso fa parte in un certo senso anche l'Elisio (i Campi Elisi di Virgilio), come dimora ultraterrena degli eletti, mentre agli empi è riservato il Tartaro quale luogo di pena. L'Elisio viene localizzato da Omero all'estremità del mondo, e da Esiodo, col nome di Isole dei Beati, presso le correnti dell'oceano; è infatti la sede del dio Oceano, che ha generato con la moglie Teti tutte le acque e quindi anche i quattro fiumi che scorrono nel mondo sotterraneo: Acheronte, Cocito, Flegetonte e Stige.

- L'Acheronte è il nome di alcuni fiumi della mitologia greca, spesso associati al mondo degli Inferi. Figlio di

Helios e Gea, fu tramutato da Zeus in fiume d'acque amare, come punizione per aver dissetato i Titani che si erano ribellati al volere divino cercando di scalare l'Olimpo. Il dio del fiume fu poi a sua volta padre di Ascalafo avuto, a seconda delle leggende, da Orfne o da Gorgira. Destinato per l'eternità a separare il mondo dei vivi dagli inferi, nella Commedia dantesca viene varcato da quelle anime che avevano avuto degna sepoltura: rappresenta pertanto la transizione da vita a morte ed anche il viaggio senza ritorno verso l'Oltretomba.

Secondo il mito sarebbe un ramo del fiume Stige che scorre nel mondo sotterraneo dell'oltretomba, attraverso il quale Caronte traghettava nell'Ade le anime dei morti; suoi affluenti sarebbero i fiumi Piriflegetonte e Cocito. Il suo nome significa "fiume del dolore".

Il principale Acheronte si trova in Epiro, regione nord-occidentale della Grecia, nei pressi della cittadina di Parga. È un affluente del lago Acherusia e nelle sue vicinanze sorgono le rovine del Necromanteio, l'unico oracolo della morte conosciuto in Grecia. Platone nel dialogo Fedone afferma che l'Acheronte è il secondo fiume più grande del mondo, superato solamente dall'Oceano: sostiene che l'Acheronte scorra in senso inverso e dall'Oceano vada verso la terra. L'Acheronte scorreva in senso inverso, ovvero dall'Oceano andava verso la terra. Figlio di Helios e Gea, Acheronte fu tramutato da Zeus in fiume di acque amare, come punizione per aver dissetato i Titani che si erano ribellati al volere divino cercando di scalare l'Olimpo. Il dio del fiume fu poi a sua volta padre di Ascalafo avuto, a seconda delle leggende, da Orfne o da Gorgira. Destinato per l'eternità a separare il mondo dei vivi dagli inferi, viene varcato da quelle anime che avevano avuto degna sepoltura: rappresenta pertanto la transizione da vita a morte e anche il viaggio senza ritorno verso l'Oltretomba. Secondo il mito sarebbe un ramo del fiume Stige che scorre nel mondo sotterraneo dell'oltretomba, attraverso il quale Caronte (figlio di Erebo e Notte) traghettava nell'Ade le anime dei morti; il suo nome significa "fiume del dolore". Le anime potevano trapassarlo solo se i loro corpi fossero stati sepolti; venivano traghettate dal nocchiero Caronte, al quale dovevano pagare un obolo per il trasporto, per cui alla sepoltura si usava mettere in bocca al morto una moneta; le anime che non pagavano o non erano in grado di farlo attendevano sulla riva il loro turno in eterno. Chi aveva la moneta e passava dall'altra sponda del fiume trovava ad accoglierlo il cane a tre teste Cerbero, che aveva il compito di condurre le anime all'inferno (o Erebo) e di impedire che ne uscissero. Varcata la soglia dell'inferno, le anime, dopo aver attraversato la prateria degli Asfodeli, giungevano all'Erebo al centro del quale si stagliava la reggia di Ade e Persefone conta da possenti mura e protetta dalle tre Furie Tisifone, Aletto e Megera, che avevano il compito di torturare le anime che si erano macchiate di colpe verso la propria famiglia o verso gli dèi. Ai due lati della reggia di Ade si trovavano due cipressi bianchi dove zampillavano le due fontane della Memoria e dell'Oblio; le acque della Memoria rinnovavano in perpetuo la memoria delle cose amate, quelle dell'Oblio cancellavano il ricordo del resto della vita passata. Ad attendere le anime c'erano i tre giudici infernali Minosse, Eaco e Radamanto, che stavano a capo di un incrocio di tre strade finali degli inferi, con il compito di giudicare le anime e indirizzarle in una delle tre strade. Una conduceva alla prateria degli Asfodeli, dove si riunivano le anime di coloro che non si erano macchiati di colpe ma nemmeno si erano distinti nella vita. Una conduceva al Tartaro, un luogo di pena e di dannazione perpetua per i malvagi, dove si era immersi nel buio rischiarato occasionalmente da scie di fuoco del fiume Flegetonte. L'ultima strada conduceva, costeggiando la reggia di Ade, al Campi Elisi, un luogo di eterna serenità dove all'ombra di alberi fioriti e sotto un cielo sempre sereno sostavano gli eroi, le persone virtuose e i saggi.

- Il Cocito (fiume dei lamenti) è un altro dei fiumi infernali; in esso sono immersi i peccatori comuni. Nell'Inferno dantesco il Cocito è la confluenza di tutti i fiumi infernali e forma un immenso lago ghiacciato situato nel nono cerchio dell'Inferno. Qui vengono puniti i traditori, sommersi dal ghiaccio e colpiti continuamente dalle gelide raffiche di vento prodotte dalle immense ali di Lucifero.

Nella descrizione dantesca, il Cocito viene dipinto come un luogo terrificante, la cui aria risuona dei lamenti delle anime sofferenti continuamente torturate dal gelido freddo del ghiaccio. Dante immagina che i peccatori qui puniti, colpevoli di tradimento, siano sepolti nel ghiaccio a varie profondità, a seconda della gravità del crimine. Di conseguenza, divide il Cocito in quattro zone circolari, concentriche tra loro:

1. La Caina, dove vengono puniti coloro che tradirono i propri parenti, seppelliti nel ghiaccio fino al collo; deve il suo nome al personaggio biblico Caino.
2. L'Antenora, dove vengono puniti coloro che tradirono la propria patria, seppelliti fino alla cintola, con la parte superiore del corpo esposta ai gelidi venti infernali; deve il suo nome al personaggio dell'Iliade Antenore.
3. La Tolomea, dove vengono puniti coloro che tradirono i propri ospiti, distesi supini con la parte posteriore del corpo immersa nel ghiaccio; deve il suo nome al personaggio biblico Tolomeo di Gerico.
4. La Giudecca, dove vengono puniti coloro che tradirono i propri maestri e benefattori, completamente immersi nel ghiaccio; deve il suo nome al personaggio dei vangeli Giuda Iscariota.

Al centro della Giudecca, l'ultima delle quattro zone concentriche, si trova Lucifero, immerso nel ghiaccio fino alla cintola. Questi viene descritto come un essere enorme, trifronte; con le sue tre fameliche bocche mastica in continuazione quelli che secondo Dante sono i tre massimi traditori della storia: Bruto e Cassio, traditori di Cesare, e, nella bocca centrale, Giuda, traditore di Gesù.

- Il Flegetonte (fiume del fuoco) si unisce al Cocito per formare l'Acheronte. Dal suo fuoco, secondo il mito esposto nel Fedone platonico, deriverebbero le lave vulcaniche. I mitografi e i poeti immaginarono che vi si punissero parricidi, briganti e tiranni.

- Lo Stige (fiume dell'odio) è il fiume dell'oltretomba per eccellenza e appare come "acqua di Stige", quest'ultima considerata una dea infernale (un'Oceanina figlia della Titanide Teti, oppure figlia della Notte e di Erebo); la sua acqua aveva proprietà magiche e proprio in questo fiume la Nereide Teti avrebbe immerso il figlio Achille per renderlo invulnerabile, tenendolo però per il tallone che non fu quindi toccato dall'acqua. Sull'acqua di Stige giuravano gli dei, che subivano castighi terribili se non rispettavano il giuramento. Le acque di Stige erano invece mortali se bevute dagli uomini comuni. Gli effetti dello spergiuro sono in un brano interpolato della Teogonia, che offre altri particolari sulla natura di quest'acqua fatale: essa rappresenta un braccio dell'Oceano, equivalente a un decimo del fiume iniziale, e forma con gli altri nove le nove spire con cui il fiume circonda il disco della terra. Questa cifra delle nove spire si ritrova nella descrizione virgiliana dello Stige infernale, il quale circonda con i suoi meandri il regno degli Inferi. Nell'Odissea lo Stige è più chiaramente definito come fiume; poi, nella tradizione posteriore, la figura della divinità tende a scomparire e prevale un'antichissima tradizione che fa derivare dallo Stige fiumi terrestri, o addirittura l'identifica in corsi d'acqua o paludi, presso le quali sarebbe stato l'ingresso dell'oltretomba.

Erebo

Divinità ancestrale, figlio di Caos e fratello della Notte, è la personificazione dell'oscurità, e con il termine "Erebo", infatti, si possono indicare anche gli Inferi. Con la sorella generò Emera (personificazione del giorno) ed Etere (personificazione del cielo più alto, dove c'è la luce pura), Ipno (dio del sonno) e anche Caronte. Oltre a questi, Erebo generò con la Notte anche le tre Moire (Parche), ovvero Cloto, la tessitrice del filo della vita degli uomini, Lachesi, la misuratrice del filo stesso, e per ultima la più temibile, Atropo, colei che recide il filo della vita.

Oltre ad Etere e a Emera, Erebo ebbe dalla Notte altri figli: non si trattava di vere e proprie divinità, ma di personificazioni di astrazioni, fra cui si annoverano:

- Thanatos, la morte
- Hypnos, il sonno, gemello di Thanatos
- Oneiros, il sogno
- Momo, il biasimo, cacciato dall'Olimpo per aver criticato aspramente Zeus e la Tenerezza
- Nemesi, la vendetta
- Moros, il destino
- Geras, la vecchiaia
- Apate, l'inganno
- Eris, la discordia
- Ker, la morte violenta
- Oizys, la miseria
- Philotes, l'amicizia
- Inoltre anche le tre Esperidi erano figlie di Erebo e Notte.

Erebo avrebbe aiutato i Titani al momento della lotta contro Zeus. A vittoria ottenuta, Zeus lanciò per punizione Erebo all'interno della Terra, nell'Ade, trasformandolo in uno spazio tenebroso in cui abitano i morti.

Infatti, nella letteratura greca, il nome Erebo è anche usato per riferirsi a una regione del mondo sotterraneo dove i morti dovevano passare immediatamente dopo la morte e talvolta è usato in modo intercambiabile con Tartaro.

Persefone - Proserpina

Persefone, detta anche Kore, essendo la sposa di Ade, era la dea minore degli Inferi e regina dell'oltretomba. Secondo il mito principale, nei sei mesi dell'anno (Autunno e Inverno) che passava nel regno dei morti, Persefone svolgeva la stessa funzione del suo consorte Ade, cioè governare su tutto l'oltretomba; negli altri sei mesi (Primavera ed Estate) ella andava sulla Terra da sua madre Demetra, qui Persefone non svolgeva alcuna funzione. Era una giovane fanciulla, semplice e obbediente alla madre che non la lasciava mai. Un giorno di primavera però, mentre era con le sue amiche, sotto la vigilanza di Demetra, correndo in una vallata nei pressi di Enna, in Sicilia, Persefone si perse e nonostante chiedesse aiuto nessuno riuscì a sentirla; improvvisamente la terra si aprì sotto i suoi piedi, e dal baratro che si formò uscì un carro tirato da quattro cavalli neri come la pece. Era il carro dell'oscuro dio dell'Erebo, Ade, che afferrò la fanciulla, la portò sul carro e via giù nel baratro sprofondò nell'abisso; nessuno poté sentire le urla e i pianti della fanciulla spaventata. Demetra cercò inutilmente sua figlia e quando si accorse che era sparita fu presa dall'ansia. Si mise subito a cercarla nei dintorni, nella vallata, nei boschi, con la disperazione nell'anima; quando si accorse che stava calando la notte le venne in mente di invocare Ecate, che della notte era la signora. Ecate, che aveva sentito le urla di Persefone, fu molto ambigua nella sua risposta ma le consigliò di recarsi dal Sole al cui sguardo nulla può sfuggire. Dopo un lungo vagare durato nove giorni e nove notti, si trovò dinanzi al palazzo del Sole che l'accolse col rispetto dovuto. Il Sole le spiegò che per volere di Zeus, Persefone era stata rapita da Ade, che l'aveva portata giù nel regno tenebroso. Afflitta per la terribile notizia e arrabbiata con Zeus che aveva disposto di sua figlia senza dirle niente, Demetra si rifiutò di tornare sull'Olimpo e abbandonò il suo aspetto di dea; assunse le sembianze di una vecchia decrepita, vestita di cenci e riprese il suo lungo cammino, sperando di consumare il suo dolore, quando dalla Sicilia si ritrovò finalmente in Grecia, nell'Attica in Eleusi. Esausta si accasciò a terra, accanto a un pozzo e scoppiò a piangere. Passava di lì una donna che ebbe pietà della vecchia e la condusse a casa sua. Era una casa molto povera, un capanna da pastore dove abitava, infatti, il pastore Celeo e sua moglie Metanira. Da essi erano nati due figli, Trittolemo e Demofoonte.

I due pastori furono molto buoni e vicini a Demetra, che aveva raccontato della perdita della sua giovane figlia e la dea per ricambiare il bene che quelle umili persone gli avevano dato una notte cercò di guarire il piccolo Demofoonte, gravemente malato: mentre i genitori erano in camera a dormire, prese il bambino e gli fece bere un decotto e poi secondo il rito a lei noto, mise il piccolo tra le fiamme mentre pronunciava delle formule magiche; Metanira appena vide quella scena, spaventata, strappò dalle fiamme il suo bambino e credendo che la donna fosse una pazza che voleva far del male ai suoi figli si infuriò. Demetra allora riprese le sue sembianze di dea e spiegò a Metanira che voleva rendere il piccolo immortale ma avendo lei interrotto il rito, non poteva più continuare anche se il bambino presto sarebbe guarito. Demofoonte infatti guarì. Negli Eleusi, Demetra fece innalzare un tempio e come sacerdote scelse Celeo a cui avrebbe dovuto succedere il figlio Trittolemo. Appena divenne grande, Demetra insegnò a Trittolemo tutti i riti del proprio culto e dell'arte della coltivazione. Trittolemo fu il primo uomo a costruire un aratro, a lui si attribuisce, infatti, la diffusione dell'agricoltura.

Lasciato l'Eleusi Demetra riprese il proprio vagabondare, il suo cuore e il suo pensiero erano sempre rivolti all'amata figlia e al suo triste destino. Trovò il modo per risolvere il problema: con il semplice tocco delle sue mani rese la terra infruttuosa, tanto che gli uomini stavano morendo tutti; Zeus allora le mandò Iris, che non riuscì a placare l'ira di Demetra. Per salvare il genere umano fu Zeus a dover scendere a patti. Mandò Hermes da Ade per ottenere che Persefone tornasse a rivedere la luce del sole. Il dio del regno oscuro obbedì purché poi sua moglie potesse tornare da lui, e per maggior sicurezza di questo ritorno, fece mangiare alla sua sposa alcuni chicchi di melagrana, simbolo del matrimonio, poiché una eterna legge del Destino stabiliva che chi avesse mangiato nella casa del marito alcuni chicchi di questo frutto presto avrebbe fatto ritorno. Persefone tornò alla luce del sole e la madre per questo evento festeggiò ricoprendo la terra di fiori e frutta. Zeus poi, per conciliare l'amore materno con le esigenze del marito, stabilì che Persefone avrebbe vissuto sei mesi dell'anno con la madre e gli altri sei mesi con Ades nell'Erebo.

Questo mito nasconde un simbolo: Persefone che deve scendere ogni anno nel regno sotterraneo non è che la figura del seme, del chicco del grano, che viene seppellito sotto terra e vi rimane fino a primavera, quando Persefone ritorna da sua madre e il grano germoglia alla luce del sole. Persefone veniva rappresentata come giovane e bella, col capo incoronato dall'edera e con una fiaccola in mano come sua madre. Questo era un mito che esaltava, altresì, il valore del matrimonio (sei mesi a fianco dello sposo), la fertilità della Natura (risveglio primaverile), la rinascita e il rinnovare la vita dopo la morte, motivi questi che rendevano la dea Persefone particolarmente popolare e venerata. Persefone contese ad Afrodite il bell'Adone, riuscendo a trascinare la questione fin davanti a Zeus che preferì, per non scontentare nessuno, affidarlo separatamente a entrambe. Una tradizione diversa faceva di Persefone una figlia di Zeus e di Stige. Fu generata dal dio dopo la sconfitta dei Titani, avvenuta durante la Titanomachia. Nella mitologia romana a Persefone corrispondeva Proserpina e a sua madre Demetra la dea Cerere, al cui culto era preposto un flamine minore. Vi sono comunque altre versioni della leggenda. Secondo una di queste è Ecate a salvare Persefone. Una delle più diffuse dice che Persefone non fu indotta a mangiare i sei semi con l'inganno, ma lo fece volontariamente perché si era affezionata ad Ade.

Il mito di Demetra e Kore è strettamente legato al territorio di Enna e in particolare alla sua frazione del lago Pergusa, e a tutta la sua provincia. Diversi santuari di notevole importanza sono stati ritrovati all'interno dell'area archeologica di Morgantina, sita in Aidone, mentre a Enna si può ammirare la "Rocca di Cerere".

Un'ulteriore testimonianza del culto di Persefone ci viene da Oria, dove fu presente e attivo dal VI secolo a.C. fino all'età romana, un importante santuario (oggi sito presso Monte Papalucio), dedicato alle divinità Demetra e Persefone. Qui vi si svolgevano culti in grotta legati alla fertilità. Gli scavi archeologici svolti negli anni ottanta, infatti, hanno evidenziato numerosi resti composti di maialini (legati alle due divinità) e di melograno. Inoltre, a sottolineare l'importanza del santuario, sono state rinvenute monete di gran parte della Magna Grecia, e migliaia di vasi accumulatisi nel corso dei secoli come deposito votivo lungo il fianco della collina. Di particolare interesse sono alcuni vasetti miniaturistici ed alcune statuette raffiguranti colombe e maialini sacri alle due divinità cui era dedicato il luogo di culto. Altri esempi di ritrovamenti della Kore si hanno a Gela, una delle colonie greche di Sicilia.

Caronte

Nella religione greca Caronte era il traghettatore dell'Ade, figlio di Erebo e Notte.

Trasportava i nuovi morti da una riva all'altra del fiume Acheronte, ma solo se i loro cadaveri avevano ricevuto i rituali onori funebri (o, in un'altra versione, se disponevano di un obolo per pagare il viaggio); chi non li aveva ricevuti (o non aveva l'obolo) era costretto a errare in eterno senza pace tra le nebbie del fiume (o, secondo alcuni autori, per cento anni). Nella Grecia antica vigeva la tradizione di mettere una moneta sotto la lingua del cadavere prima della sepoltura. La tradizione rimase viva in Grecia fino a epoche abbastanza recenti ed è probabilmente di origine molto antica. Qualche autore sostiene che il prezzo era di due monete, sistemate sopra gli occhi del defunto o sotto la lingua.

Nessuna anima viva è mai stata trasportata dall'altra parte, con le sole eccezioni della dea Persefone, degli eroi Enea, Teseo, Piritoo ed Ercole, Odisseo, del vate Orfeo, della sibilla cumana Deifobe, di Psyche. Raramente Caronte traghettava un vivente e ci viene da ricordare Eracle che, quando discese agli inferi senza morire, sarebbe passato usando la sua forza per costringerlo ad attraversare il fiume in entrambe le direzioni. Anche Orfeo entrò nell'Ade per volere degli dei, per riportare indietro Euridice, che però svanì nell'esatto istante in cui questi si voltò a guardare se l'amata lo seguisse. Anche Enea, Persefone, Teseo e la Sibilla Cumana riuscirono a entrare da vivi nel regno dei morti e tutti pagarono Caronte per essere trasportati.

Infine ricordiamo la bella Psiche che, pur vivendo, dovette pagare due volte (l'andata e il ritorno) per entrare nel palazzo di Persefone, in nome di Venere, come racconta Apuleio nelle Metamorfosi.

Cerbero

Passate le acque dello Stige, dell'Acheronte, del Flegetonte, del Cocito e del Lete, si entrava nell'Erebo per una porta, a guardia della quale c'era Cerbero, figlio di Trifone e di Echidna, cane feroce con tre teste, che stavano a rappresentare il Passato, il Presente e Futuro; terribili erano le sue urla.

Accoglieva i morti nell'Ade: i morti dovevano placarlo offrendogli il dolce di miele che era stato posto nella loro tomba insieme con l'obolo per Caronte. Era persino terribile con i vivi che tentavano di forzare la porta degli inferi, si scagliò, infatti, contro Piritoo e Teseo quando cercarono di liberare Persefone.

Placato da Orfeo con il suono della lira, da Enea con la focaccia preparata dalla Sibilla, fu domato solo da Ercole nella sua dodicesima e ultima fatica, l'eroe non lo uccise ma dopo aver dimostrato di averlo sconfitto, lo riportò nell'Ade.

Minosse

Minosse è un personaggio della mitologia greca, figlio di Zeus e di Europa. Minosse fu re giusto e saggio di Creta. Per questo motivo, dopo la sua morte, divenne uno dei giudici degli inferi, insieme a Eaco e Radamanto. Nei miti attici invece viene dipinto come estremamente tirannico e crudele.

Minosse ha il compito, con Eaco e Radamanto, di giudicare i morti prima che compaiano al cospetto di Ade. Le caratterizzazioni mostruose e diaboliche del personaggio non appartengono all'epoca greca ma a rivisitazioni successive.

Stando a Dante, quando Minosse morì e scese negli Inferi, la fama di uomo esperto di legge gli permise di ottenere l'incarico di giudicare i morti, coadiuvato da Eaco e dallo stesso Radamanto. Nell'Inferno dantesco Minosse è un diavolo che ruota la lunga coda in tanti giri quanti sono i livelli che il dannato dovrà scendere per scontare la pena. Si racconta che, in seguito alla morte del re Asterione, padre adottivo di Minosse, egli costruì un altare a Poseidone in riva al mare, per dimostrare il suo diritto alla successione al trono. Minosse pregò Poseidone di inviargli un toro per il sacrificio e il dio lo esaudì. Ma Minosse non sacrificò l'animale, poiché era molto bello. Poseidone, adirato, fece innamorare del toro Pasifae, la moglie di Minosse.

Da questa unione nacque il Minotauro, mezzo uomo e mezzo toro. Minosse incaricò dunque Dedalo di costruire un labirinto in cui nascondere il mostro. Minosse ebbe otto figli da Pasifae: Catreo, Deucalione, Glauco, Androgeo, Acalla, Senodice, Arianna, Fedra. Ebbe inoltre Eussantio da Dessitea, mentre dalla ninfa Paria ebbe Filolao, Crise, Eurimedonte e Nefalione.

Il regno di Minosse fu caratterizzato da ampi scontri con i popoli vicini, che egli riuscì ad assoggettare. Combatté anche contro Niso, re di Megara, che aveva un capello d'oro a cui era legata la sorte della sua vita e della sua potenza. La figlia di Niso, Scilla, si innamorò al primo istante di Minosse e non indugiò a introdursi nottetempo nella camera del padre per tagliargli il capello d'oro. Andò in seguito da Minosse offrendogli le chiavi di Megara e chiedendogli di sposarla. Minosse conquistò Megara ma rifiutò di portare con sé a Creta la parricida che, presa dallo sconforto, si gettò in mare e annegò. Minosse attaccò anche Atene, in seguito all'assassinio del figlio Androgeo causato dal re Egeo.

Sconfitti gli ateniesi, Minosse chiese a essi in tributo la consegna ogni nove anni di sette fanciulli e sette fanciulle, che venivano date in pasto al Minotauro. Tale sacrificio cessò solo grazie all'intervento di Teseo, che con l'aiuto di Arianna, riuscì a uccidere il Minotauro. Secondo il mito Minosse fu ucciso in una vasca da bagno in Sicilia mentre era ospite nella rocca del re sicano Cocalo.

Secondo il mito, Minosse, per cercare di riacciuffare il fuggitivo Dedalo, da lui fatto rinchiudere nel Labirinto che lo stesso Dedalo aveva progettato e dal quale l'architetto era fuggito con ali fatte di penne e cera, escogitò un piano: promise una forte ricompensa a chiunque avesse trovato il modo di far passare un filo tra le volute di una conchiglia. Dedalo riuscì nell'impresa, legando un filo a una formica che, introdotta nella conchiglia i cui bordi aveva cosparso di miele, passò tra gli orifizi per trovare il miele. In questo modo Minosse scoprì il rifugio di Dedalo e giunse in Sicilia, pretendendo dal re Cocalo la consegna di Dedalo, ma le figlie di Cocalo aiutarono Dedalo a ucciderlo.

Il Labirinto di Cnosso è un leggendario labirinto, che secondo la mitologia greca fu fatto costruire dal Re Minosse sull'isola di Creta per rinchiudervi il mostruoso Minotauro, nato dall'unione della moglie del re, Pasifae, con un toro. Era un intrico di strade, stanze e gallerie, costruito dal geniale Dedalo con il figlio Icaro, i quali, quando ne terminarono la costruzione, vi si trovarono prigionieri. Dedalo costruì delle ali, che appiccicò con la cera alle loro spalle, ed entrambi ne uscirono volando.

Il Minotauro

Il Minotauro è un essere mostruoso e feroce, metà uomo e metà toro. Era figlio del Toro di Creta e di Pasifae, regina di Creta, moglie di Minosse. Il suo nome proprio è Asterio o Asterione. Minosse, re di Creta, pregò Poseidone, il dio del mare, di inviargli un toro come simbolo dell'apprezzamento degli dei verso di lui in qualità di sovrano, promettendo di sacrificarlo in onore del dio. Poseidone acconsentì e gli donò un bellissimo e possente toro bianco di gran valore. Vista la bellezza dell'animale, però, Minosse decise di tenerlo per le sue mandrie e ne sacrificò un altro. Poseidone allora, per punirlo, fece innamorare perdutamente Pasifae, moglie di Minosse, del toro stesso. Ella riuscì a soddisfare il proprio desiderio carnale nascondendosi dentro una giovenca di legno costruita per lei dall'artista di corte Dedalo.

Dall'unione mostruosa nacque il Minotauro, termine che unisce, appunto, il prefisso "minos" (che presso i cretesi significava re) con il suffisso "taurus" (che significa toro). Il Minotauro aveva il corpo umanoide e bipede, ma aveva zoccoli, pelliccia bovina, coda e testa di toro. Era selvaggio e feroce, perché la sua mente era completamente dominata dall'istinto animale, avendo la testa, e quindi il cervello, di una bestia. Minosse fece rinchiudere il Minotauro nel Labirinto di Cnosso costruito da Dedalo. Quando Androgeo, figlio di Minosse, morì ucciso da degli ateniesi infuriati perché aveva vinto troppo ai loro giochi disonorandoli, Minosse decise per vendicarsi della città di Atene, sottomessa allora a Creta, che questa dovesse inviare ogni anno sette fanciulli e sette fanciulle da offrire in pasto al Minotauro, che si cibava di carne umana.

Il generoso Teseo, quando seppe la triste storia del tributo dei quattordici giovani, si offrì di unirsi a loro per porre fine a tutto e uccidere il Minotauro. I cittadini di Creta furono felici e ammirarono il gesto del giovane, al contrario, Egeo ne era preoccupato perché, per quanto fosse coraggioso e valoroso suo figlio, era più probabile che il Minotauro avesse divorato Teseo che lui fosse riuscito a ucciderlo. Egeo pregò il figlio di una cosa: la nave che portava i quattordici ostaggi da Creta ad Atene, di solito innalzava una bandiera nera, in segno di lutto; se Teseo fosse riuscito nel suo intento, il re lo pregò di sostituire la bandiera nera con una bianca, in segno di vittoria. Quando la nave arrivò ad Atene, tra i curiosi sulla spiaggia, per vedere le giovani vittime si trovava anche Arianna, figlia del re Minosse. La giovane alla vista di Teseo subito se ne innamorò e quando seppe che era venuto ad Atene per uccidere il Minotauro, provò pietà sapendo che era votato a una morte sicura. Gli si avvicinò e gli chiese se in qualche modo poteva aiutarlo. Teseo rimase affascinato dalla bellezza di Arianna e gli piacque la sua offerta, tanto da prometterle che se l'avesse fatto uscire vivo da quell'impresa, l'avrebbe felicemente sposata. La giovane fanciulle per aiutare Teseo nell'impresa, si rivolse al costruttore del Labirinto: Dedalo. Il grande architetto, decise di aiutare la bella Arianna insegnandole come l'eroe doveva comportarsi per colpire il Minotauro al momento giusto e come poi uscire dal palazzo senza perdersi. A tale scopo consegnò ad Arianna un gomitolo di filo spiegandole che sarebbe bastato che Teseo fissasse un capo del gomitolo in un punto qualunque dell'ingresso, svolgendone poi il filo a mano a mano che avanzava, fino al momento dell'incontro col Minotauro; per tornare indietro non doveva far altro che raggomitolare il filo. Arianna diede a Teseo il filo e le indicazione che le aveva suggerito Dedalo per combattere il Minotauro. L'eroe si incamminò insieme ai quattordici giovani per i corridoi e le stanze del Labirinto, girò e rigirò nelle tortuosità, passando dalla penombra al buio fitto quando a un tratto si trovò di fronte al Minotauro. Quando Tèseo giunse dinanzi al Minotauro, lo affrontò e lo uccise con la spada (secondo altri, attese che si addormentasse e poi lo pugnalò, mentre altre versioni riportano come la pelle del Minotauro fosse invulnerabile, mentre il corno del minotauro perforasse ogni armatura, quindi Teseo usò la sua spada per staccare un corno del Minotauro e con questo lo trapassò). Una volta eliminato il mostro, Teseo e gli altri ostaggi riaggomitolarono il filo di Arianna e in pochi minuti riuscirono a uscire dal Labirinto, e insieme alla giovane fanciulla si imbarcarono per fare ritorno ad Atene. L'ingrato Teseo nel frattempo, si pentì della promessa di nozze fatta alla bella Arianna e per liberarsene, approfittò della sosta a Nasso, dove la giovane si era addormentata sulla spiaggia e senza svegliarla salì sulla nave e riprese il suo viaggio, abbandonandola. Il motivo di tale atto è controverso. Si dice che l'eroe si fosse invaghito di un'altra o che si sentisse in imbarazzo a ritornare in patria con la figlia del nemico, oppure che venne intimorito da Dioniso che, in sogno, gli intimò di lasciarla là, per poi raggiungerla ancora dormiente e farla sua sposa. Arianna, rimasta sola, iniziò a piangere, finché apparve al suo cospetto il dio Dioniso, che per confortarla le donò una meravigliosa corona d'oro, opera di Efesto, che venne poi, alla sua morte, mutata dal dio in una costellazione splendente: la costellazione della Corona. Poseidone, adirato contro Tèseo, inviò una tempesta che squarciò le vele bianche della nave, costringendo l'eroe ateniese a sostituirle con quelle nere; altre versioni raccontano che per l'eccitazione della vittoria egli si dimenticò di issare le vele bianche, oppure gli fu annebbiata la memoria dagli dei come punizione per aver abbandonato Arianna. Infatti a Tèseo, prima di partire, fu raccomandato da suo padre Ègeo di portare due gruppi di vele, e di montare al ritorno le vele bianche in caso di vittoria, mentre, in caso di sconfitta, egli avrebbe dovuto issare quelle nere. Ègeo, vedendo all'orizzonte le vele nere, credette che suo figlio fosse stato divorato dal Minotauro e si gettò disperato in mare, che dal suo nome fu poi chiamato mare di Ègeo, cioè Mar Egèo.

Dietro il mito si celano anche particolari significati che i Greci attribuivano ad alcuni elementi del racconto. Ad esempio il termine Minosse, attribuito al re di Creta, è designato da alcuni studi non come il nome del solo re di Cnosso, ma come il termine genericamente utilizzato per indicare "i sovrani" in tutta l'isola di Creta. Dietro al personaggio del Minotauro si stima la divinizzazione del toro da parte dei Greci, mentre lo sterminato Labirinto di Cnosso è simbolo dello stupore provato dai Greci nel vedere le immense costruzioni Cretesi. Alla vittoria di Tèseo si attribuisce invece l'inizio del predominio dei Greci sul mar Egeo.

Radamanto

Radamanto è un semidio cretese, figlio di Zeus e di Europa, fratello di Minosse e Sarpedone. I tre fratelli, divenuti adulti, litigarono per amore di un bellissimo giovane chiamato Mileto, figlio d'Apollo e della ninfa Aria, che altri chiamano Deiona. Poiché Mileto mostrava di prediligere Sarpedone, Minosse lo scacciò da Creta insieme a Sarpedone. Radamanto rimase a Creta; egli visse in pace con Minosse e fu ricompensato con un terzo del regno di Asterio. Famoso per la sua equità nel far rispettare le leggi, inflessibile nel punire i trasgressori, egli legiferò sia per i Cretesi sia per gli isolani dell'Asia Minore, molti dei quali adottarono spontaneamente il suo codice. Ogni nove anni, egli si recava nella grotta di Zeus e ne riportava delle nuove leggi: tale pratica fu poi seguita anche da suo fratello Minosse. Quando gli antichi volevano esprimere un giudizio giusto, quantunque severo, lo chiamavano "giudizio di Radamanto", proprio a significare la sua grande equità. Nel Tartaro esso inquisiva sui delitti e li puniva, obbligava i colpevoli a rivelare gli errori della loro vita e a confessare i delitti la cui espiazione doveva avvenire dopo la morte. Radamantini erano i giuramenti che si facevano invocando a testimoni animali o cose inanimate.

Radamanto è rappresentato seduto su un trono, con lo scettro in mano, sulla porta dei Campi Elisi, a fianco di Crono.

Radamanto dovette poi fuggire in Beozia perché aveva ucciso un suo parente, e visse colà in esilio, a Ecalea, dove sposò Alcmena, la madre di Eracle, dopo la morte di Anfitrione. Altri dicono che Alcmena sposò Radamanto nei Campi Elisi, dopo la sua morte. Gli si attribuiscono come figli Gorti, l'eroe eponimo della città cretese di Gortino, ed Eritro, il fondatore d'Eritre, in Beozia.

Eaco

Figlio di Zeus e della ninfa Egina, figlia del fiume Asopo. Egina fu rapita da Zus in forma di aquila a Sicione e la portò sull'isola di Enopia, vicino alla costa dell'Argolide, che più tardi prese il suo nome. Diede alla luce Eaco e lo abbandonò sull'isola deserta. Le leggende narrano che Era, sposa di Zeus, quando seppe della nascita di Eaco, scaricò la sua gelosia sull'isola. Era per gelosia avvelenò i corsi d'acqua e ordinò ai venti meridionali di soffiare senza tregua. In questo modo andarono perduti tutti i raccolti, facendone seguire una grave carestia. Il caldo torrido portato dai venti meridionali costrinse gli abitanti a bere dalle acque dei fiumi avvelenati, uccidendoli tutti. Eaco, vedendo il suo regno alla rovina, si rivolse al padre Zeus; questi fece cadere sull'isola una pioggia fresca, che fermò i venti e ricambiò le acque avvelenate. Zeus (Giove) quindi trasformò le formiche dell'isola in esseri umani, ed Enopia ritornò fiorente grazie ai mirmidoni (da murmex che significa appunto formica). Eaco spartì i suoi possedimenti tra i suoi sudditi e l'isola ritrovò la pace. Dopo aver svolto il ruolo di arbitro tra Scirone e Niso per l'attribuzione del trono di Megara e aver deciso in favore di Niso, Eaco sposò la figlia di Scirone, Endeide. Ebbero due figli: Peleo padre di Achille e Telamone padre di Aiace e di Teucro. Eaco ebbe larga fama per la sua pietà e la sua rettitudine, e quando tutta la Grecia soffrì di una terribile siccità in seguito all'assassinio del re arcade Stinfalo compiuto da Pelope o, come altri dicono, in seguito all'assassinio di Androgeo compiuto dagli Ateniesi, l'oracolo di Delfi consigliò ai Greci di chiedere a Eaco di pregare Zeus affinché facesse cessare la siccità. Eaco salì sul monte Panellenio, la più alta vetta dell'isola, e lassù egli sacrificò a Zeus. Alle sue preghiere rispose un sordo brontolio di tuono, le nubi oscurarono in cielo e violenti rovesci di pioggia inzupparono tutta la terra di Grecia.

Apollo e Poseidone presero con sé Eaco per essere aiutati nella costruzione delle mura di Troia. Essi avevano appena terminato la loro fatica allorché tre serpenti attaccarono le mura, ma soltanto uno riuscì a penetrare attraverso la parte costruita da Eaco. Apollo allora profetizzò che i discendenti di Eaco avrebbero distrutto la città.

Poi, Eaco si unì alla figlia di Nereo, Pasamate, dalla quale ebbe un figlio. Pasamate, per sfuggire all'amplesso di Eaco, si era trasformata in foca; ma ciò non la protesse e il figlio ch'ella generò prese il nome di Foco, che ricordava la metamoprfosi della madre.

Foco era il prediletto di Eaco e la sua eccellenza nei giochi atletici fece ingelosire i fratellastri, Telamone e Peleo.

Per amore di pace, Foco guidò un gruppo di emigranti egineti nella Focide. Un giorno Eaco mandò a chiamare Foco, forse per lasciargli il regno dell'isola; ma, incoraggiati dalla loro madre, Telamone e Peleo tramarono per ucciderlo al suo ritorno. Sfidarono dunque Foco a una gara di pentatlon, e Telamone lo abbatté, scagliandogli un disco sul capo e simulando un incidente. I due fratelli furono parimenti colpevoli di fratricidio e assieme nascosero il corpo in un bosco; ma, quando il crimine fu scoperto, Eaco bandì i figli da Egina. Quando Eaco morì, divenne con Minosse e Radamanto uno dei tre giudici del Tartaro: Radamanto giudica gli asiatici ed Eaco gli europei; i casi più difficili vengono sottoposti a Minosse.

Eaco è chiamato anche a far da arbitro nelle contese che possono accendersi tra gli dèi. Altri aggiungono che egli ha in mano le chiavi del Tartaro, impone un pedaggio e controlla se le ombre sono state guidate laggiù da Ermete contro la volontà di Atropo.

145

Le Erinni

Le Erinni sono le personificazioni femminili della vendetta (Furie nella mitologia romana) soprattutto nei confronti di chi colpisce i parenti o i membri del proprio clan. Secondo il mito esse nacquero dal sangue di Urano, fuoriuscito quando Crono lo evirò, mentre la successiva tradizione poetica le dice figlie della Notte.
Le Erinni sono tre sorelle:

- Aletto – L'incessante
- Megera – La maligna
- Tisifone – La vendicatrice

Si racconta che il quinto giorno di ogni mese lasciassero le loro dimore per recarsi sulla terra e punire i colpevoli accompagnate dal Terrore, dalla Rabbia e dal Pallore e una volta raggiunti i colpevoli gli rodevano il cuore. Secondo alcuni autori avevano anche il compito di ottenebrare la mente degli uomini e di condurli quindi al delitto ed alla sventura. Ma come tutte le divinità infernali non avevano solo un significato negativo, infatti, erano anche benevole nei confronti delle persone che si pentivano e allora venivano chiamate Eumenidi. Si porgevano loro varie offerte e a esse si sacrificavano le pecore nere. Venivano rappresentate come geni alati, con la bocca spalancata nell'atto di cacciare urla terribili, con serpenti invece di capelli, recanti in mano torce o fruste o carboni e tizzoni ardenti. Il loro aspetto era quindi di tre donne alate con capelli di serpenti che recavano tra le mani delle armi che usavano per torturare il malcapitato. Il loro compito era quello di vendicare i delitti, soprattutto quelli compiuti contro la propria famiglia, torturando l'assassino con le armi che portavano con loro, fino a farlo impazzire. In senso più generale le Erinni stanno dalla parte dell'ordine stabilito. Insorgono contro la violazione di ogni diritto, specialmente quando si offendono con spargimento di sangue i diritti della famiglia, in particolar modo chi si è macchiato di delitti quali il parricidio, il fraticidio e l'assasinio di un amico.
Ma essenzialmente le Erinni avevano il compito di punire i trasgressori delle leggi "naturali". Il filosofo Eraclito dice che se il sole avesse voluto cambiare il suo corso esse sarebbero state in grado di impedirglielo. In tempi antichi gli uomini non avevano la possibilità e nemmeno il diritto di punire tali orrendi crimini e veniva lasciato alle Erinni il compito di perseguitare il colpevole. Il

concetto di Nemesi supera addirittura quello delle Furie; anche Nemesi controllava che alla fine la vendetta fosse compiuta.

Nelle Eumenidi di Eschilo, terza parte dell'Orestea, la trilogia sulla morte di Agamennone e la vendetta dei suoi figli, le Erinni perseguitano Oreste colpevole di aver ucciso la madre Clitennestra per vendicare la morte del padre Agamennone. In questa tragedia, che la prima volta che venne rappresentata terrorizzò il pubblico, le Erinni erano inserite nel coro. Venivano rappresentate con teste di cane, ali di pipistrello e occhi iniettati di sangue; stringevano nelle mani pungoli di bronzo. Era il gesto commesso da Oreste ciò che interessava alle Erinni, non che fosse fatta giustizia o usata clemenza. Persino Apollo si trovò a fronteggiare la loro implacabile vendetta poiché egli stesso aveva deciso della morte di Clitennestra per mano di Oreste e l'aveva poi protetto a Delfi, il suo altare sacro. Le Erinni secondo Eschilo, lo inseguirono fin lì e finalmente gli dèi riuscirono a convincerle ad accettare il verdetto dell'antica corte ateniese dell'Areopago. Atena, patrona della città, intervenne e stabilì di dare il suo appoggio a Oreste se in cambio egli avesse rubato la sacra immagine di Artemide nel Chersoneso taurico per riportarla ad Atene.

Le Erinni perseguitarono anche Alcmeone, colpevole di matricidio. Come Oreste, pur avendo ricevuto da Apollo l'ordine di vendicare il padre, venne ugualmente perseguitato dalle Erinni, e attraversò tutta la Grecia finché trovò rifugio su una nuova terra che non era ancora nata al tempo dell'uccisione di sua madre e sfuggì in questo modo ai poteri delle sue persecutrici. Edipo, a sua volta tormentato dalle Erinni per l'uccisione del padre, non ebbe pace che con la morte. Le Erinni provocavano nelle loro vittime la pazzia, torturandole in tutte le maniere. In Arcadia c'era un luogo dove si trovavano due templi alle Erinni; in uno erano chiamate maniai ("che mandano la pazzia"); e fu proprio qui che, di nero vestite, assalirono Oreste per la prima volta. In quei pressi, secondo le cronache associate alle Grazie (Charites, "spiriti del perdono"); e qualche tempo dopo, questa volta vestite di bianco, benedirono Oreste il quale offrì loro sacrifici.

Secondo alcuni autori le Erinni avevano dimora nel Tartaro e quando non percorrevano la terra per punire i colpevoli, si dedicavano a torturare i dannati. Questa doppia dimora si collega forse alle due diverse storie della loro nascita: figlie della Terra o della Notte, ma secondo una versione alternativa erano nate da Ade, dio del Tartaro e da Persefone, e proprio come i due dèi degli

147

inferi avevano una doppia natura, benigna e maligna. I Romani le chiamarono Furiae e con tale nome esse entrarono nella mitologia romana, dove appaiono solo quali divinità malefiche. Spesso presenti nella cultura classica - emblematico, in proposito, il ruolo che assumono nell'Orestea di Eschilo - ritornarono sovente, come riferimento colto, tanto nella cultura medievale - Dante le indica come le custodi della città infernale di Dite - quanto in quella moderna e contemporanea, pur se, in quest'ultima, in modo abbastanza sporadico. Le si trovano anche nel romanzo "Le Benevole" di Jonathan Littell e nel romanzo "Furia" di Salman Rushdie. Citate anche da Marcel Proust ne All'ombra delle fanciulle in fiore. Le Erinni perseguitarono Alcmeone dopo l'assassinio di sua madre e straziarono Pentesilea che aveva involontariamente ucciso sua sorella in una battuta di caccia. Nella Medea di Euripide il coro invoca il raggio divino affinché fermi, ad evitare l'incombente duplice infanticidio, la mano di Medea, posseduta dalla sanguinaria Erinni, che le infonde lo spirito di vendetta.

- **Aletto** - Nata da Acheronte e dalla Notte (o da Gea, la Terra, secondo altri), il suo nome non ha ancora oggi un'etimologia univoca. Probabilmente significa "colei che non riposa", "colei che non dà requie", ma alcuni interpreti propendono per "l'indicibile", "colei il cui nome non può essere pronunciato". Entrò nel pantheon degli dei romani con il nome di Furina e al suo culto fu preposto il flamine furrinale. Tra le sue apparizioni letterarie, si ricordano quelle nell'Eneide di Virgilio (libro VII, dove provoca la rissa che costerà la vita al giovane cortigiano latino Almone, preludio della guerra tra italici e troiani) e nella Divina Commedia di Dante.
- **Megera** - Megera era preposta all'invidia e alla gelosia e induceva a commettere delitti, come l'infedeltà matrimoniale.
- **Tisifone** - Era incaricata di castigare i delitti di assassinio: parricidio, fratricidio, matricidio, omicidio. Un mito racconta che era innamorata del bell'eroe Citerone, ma questi disprezzava il suo amore. Allora Tisifone trasformò uno dei suoi capelli in un serpente che con un morso uccise Citerone. Il suo nome venne dato alla montagna che, prima, si chiamava Asterione.

Tanatos

Thanatos (Morte), era la personificazione della morte, figlio della Notte (o di Astrèa) per partenogenesi (o da Erebo), nonché fratello gemello di Hypnos (il Sonno). Era un divinità minore nella mitologia greca, spesso citata ma raramente rappresentata come persona. Era raffigurato come un giovane alato, di un tipo spesso facilmente confondibile con Eros, talora anche armato di spada. Non possiede un mito propriamente detto. Svolgeva la funzione di angelo della morte e quando il tempo concesso a un mortale scadeva egli giungeva, gli tagliava una ciocca di capelli per Ade e lo portava con sé. Thanatos aveva un cuore di ferro e delle viscere di bronzo. I greci lo rappresentavano sotto la figura di un bambino nero con piedi torti. A volte i suoi piedi, senza essere difformi, sono soltanto incrociati, simbolo dell'imbarazzo dei corpi che si trovano nella tomba. Questa divinità appare anche, nelle antiche sculture con un viso dimagrito, gli occhi chiusi, coperto da un velo, e mentre tiene una falce in mano. Questo attributo sembra significare che la vita viene raccolta come il grano. Gli attributi comuni tra Thanatos e la madre Nyx (la Notte) sono le ali e una torcia spenta e rovesciata. I Romani lo chiamavano Mors, e se lo raffiguravano come un Genio alato e silenzioso e gli innalzarono anche degli altari. Nell'Alcesti di Euripide si narrava che Admeto, re di Tessaglia, aveva ottenuto dalle Parche di poter continuare a vivere a patto che trovasse uno che volesse morire per lui. Si offrì volontaria alla morte la moglie Alcesti, ma Eracle, lottando con Tanatos, riuscì a ricondurre Alcesti dagli Inferi e a ridonarla al marito esultante. Anche Sisifo cercò di avere la meglio su Tanatos. Infatti, allorché Zeus inviò Tanatos a uccidere Sisifo, questi lo sorprese e lo incatenò, di modo che, per un certo tempo, nessun uomo morì più. Fu necessario che Zeus intervenisse, costringendo Sisifo a liberare Tanatos, perché questi potesse continuare a svolgere la sua funzione.

Hypnos

E' il dio del sonno, figlio di Erebo e fratello gemello di Thanatos. Ipno, secondo Omero, dimorava a Lemno. Un'altra versione ne fa lo sposo di Pasitea, una delle Cariti, originaria di quella città. Per Virgilio viveva nel vestibolo dell'Ade, per Ovidio nel lontano paese dei Cimmeri. Il potere di Ipno era tale che poteva addormentare uomini e numi. Nel canto XIV dell'Iliade, Era lo prega di addormentare Zeus, affinché Poseidone possa portare aiuto ai Greci senza che il re degli dei lo venga a sapere. Nel V libro dell'Eneide bagna con un ramo imbevuto di acque letee il volto del timoniere Palinuro, per assopirlo e farlo cadere in mare. Sempre al dio appartengono le Porte del Sonno all'uscita dell'Ade. Ebbe numerosi figli, dei quali i principali sono Morfeo, Momo, Icelo, Fobetore e Fantaso. Fu Ipno a dare a Endimione la facoltà di dormire a occhi aperti. Viene raffigurato come un giovane nudo con le ali sul capo. Il mito tramandato da Virgilio nell'Eneide vuole che Palinuro, il vecchio nocchiero di Enea, mentre era al timone durante la notte fu raggiunto dal dio Sonno disceso dall'Olimpo nelle sembianze dell'amico Forbante. Poiché il mare era calmo il dio tentò di persuaderlo a riposare in quanto la nave avrebbe mantenuto la rotta anche senza guida.

"Che bella notte" disse il Sonno, simile a Forbante.

"Che bella notte, o Palinuro. Non sei stanco?"

Palinuro sorridendo rispose: "Tengo stretto il timone, questa calma non mi rassicura, ci sono troppe stelle e c'è qualcosa di inquietante che striscia sul mare".

"Non preoccuparti" disse il Sonno. "Riposa un poco, lascia a me il timone, che ti sono amico. Tutti dormono, perché soltanto tu devi vegliare?"

Nell"animo di Palinuro si insinuò la rabbia. Rabbia e invidia per il grande Enea che dormiva sicuro.

"Io non ho sonno" rispose Palinuro; ma già le membra divenivano pesanti. Palinuro pensò: "Non debbo dormire, sento un inganno. Se io dormo forse Enea... ".

"Non mi fido del mare questa notte" disse ad alta voce e si avvicinò al timone. Il falso amico alzò una mano dalle dita divine e una rugiada leggerissima cadde sugli occhi di Palinuro il quale, stringendo a sé la barra, lentamente chiuse gli occhi vittima di un sonno irresistibile. Strinse a sé il timone con tutte le sue forze ma il dio lo scaraventò in mare con una forte spinta. Pur se addormentato Palinuro non lasciò il timone che si spezzò precipitando con lui. Con un rumore lieve Palinuro entrò nell'onde. Si destò solo nel mare, lontano la nera sagoma delle navi. Palinuro lentamente cominciò a nuotare, pensando alla flotta senza guida. A Enea disteso nell'ombra a riposare lanciò un grido: "Destati, Enea, destati! Lascia i tuoi sogni. Il tuo amico Palinuro è perduto". Per tre notti egli fu trascinato dalle onde. All'alba del quarto giorno un'onda gigantesca lo scaraventò sulla costa, nei pressi della città greca di Elea (Velia per i latini).

Appena toccò terra, genti ostili lo uccisero.

Le Arpie

Esiodo le considera figlie di Taumante e della ninfa oceanica Elettra, quindi sorelle della dea Iride. Sono rappresentate come mostruose donne provviste di ali oppure come uccelli dalla testa femminile. Hanno artigli aguzzi. Si diceva che abitassero le isole Strofadi, nel Mar Egeo. Più tardi, Virgilio le pone nell'anticamera degli Inferi, con gli altri mostri. Esistono due diverse tradizioni che le riguardano. Nella prima, l'omerica, erano simili ai venti di tempesta come indicano i loro nomi:

- Aello ("urlo")
- Ocipe ("volo veloce")
- Celeno ("oscurità")
- Podarge ("piè veloce"). Podarge si unì al dio del vento Zefiro, e generò i cavalli immortali Xanto e Balio che passarono poi ad Achille. Si considerava anche madre dei cavalli di Diomede (o dei Dioscuri), Flogeo e Arpago.

Le Arpie avevano una parte nella leggenda di Pandareo. Mentre Afrodite si era ritirata con Zeus sull'Olimpo, per chiedergli di trovare alle figlie di Pandareo mariti adatti, le Arpie rapirono le fanciulle, le nascosero e più tardi le affidarono alle Erinni che le fecero soffrire in punizione dei peccati del loro padre.

Ma la leggenda in cui svolgono, la funzione più importante è quella che riguarda la piaga di Fineo, il re tracio che diede ospitalità agli Argonauti durante il loro viaggio verso la Colchide. Svolazzando nella sala dove banchettava Fineo, le Arpie si impossessarono del suo cibo e insudiciarono il suo tavolo con i loro escrementi.

Fineo fece un accordo con gli Argonauti consentendo di profetizzare il loro futuro se l'avessero liberato da quel flagello. Calaide e Zete, gli alati figli di Borea, si levarono con la spada in mano e inseguirono le Arpie fino alle isole Strofadi nel Mar Egeo dove Iride intervenne e promise che le Arpie sarebbero ritornate alla loro caverna sul monte Ditte a Creta e mai più avrebbero molestato Fineo. Secondo un'altra tradizione inseguitori e inseguiti non fecero mai ritorno e morirono di fame e il fiume Arpide (il Tigri), nel Peloponneso, ebbe questo nome perché una di loro cercando di fuggire da Calaide e Zete annegò nelle sue profondità.

Enea incontrò l'arpia Celeno alle Strofadi dove gli predisse che i suoi Troiani avrebbero raggiunto la nuova terra soltanto quando la fame li avrebbe spinti a mangiare persino le mense. Insieme alle sue compagne si impossessò del cibo dei Troiani e poiché le loro piume di acciaio erano più dure delle spade, fu impossibile scacciarle.

.